KLARTEXT

Bildnachweis:
Horstmüller S. 14; IMAGO: /Deutzmann S. 8 /Eduard Bopp S. 11, 16/17, 26 /Horstmüller S. 12, 19, 22, 25, 32, 33, 35, 36, 41, 42, 43, 49, 63, 64, 82, 91, 107, 114 /Picture Point LE S. 18 /Chai v.d. Laage S. 20/21, 29, 56, 99, 112 /ANP S. 23 /Pfeil S. 31 /Kicker/Liedel S. 38, 67, 75, 85, 87 /WEREK S. 45, 48, 51, 86 /Poolfoto S. 47 /Ferdi Hartung S. 50 /Frinke S. 52 /Sportfoto Rudel S. 53, 83 /Norbert Schmidt S. 54 /Kolvenbach S. 55 /Jan Huebner S. 58/59, 105 /Kicker/Eissner S. 61, 81 /Dahmen S. 62 /Thomas Zimmermann S. 65, 77 /Rust S. 66 /Sven Simon S. 69, 72, 74, 78, 96 /Kicker/Eissner, Liedel S. 73, 84 /Eduard Bopp S. 79, 95, 98, 103, 108/109 /Uwe Kraft S. 89 /Herbert Bucco S. 90 /Pressefoto Baumann S. 93, 101 /Majerus S. 104 /Herbert Bucco S. 106, 111 /Laci Perenyi S. 113

Bibliografische Information der Deutschen Nationalbibliothek
Die Deutsche Nationalbibliothek verzeichnet diese Publikation in der Deutschen Nationalbibliografie; detaillierte bibliografische Daten sind im Internet über portal.dnb.de abrufbar.

Impressum

1. Auflage Oktober 2021
Layout und Satz: Guido Klütsch, Köln
Redaktion: Dominik Hamers
Umschlagabbildungen: Imago: /Eduard Bopp, /WEREK, /Ferdi Hartung;
Adobe Stock: ©Daniel Coulmann; privat; Wikipedia/©Horsch, Willy CC BY 2.5
Druck und Bindung: Linsen Druckcenter GmbH, Siemensstraße 12–14, 47533 Kleve

ISBN 978-3-8375-2392-8

KLARTEXT

Jakob Funke Medien Beteiligungs GmbH & Co. KG
Jakob-Funke-Platz 1, 45127 Essen
info.klartext@funkemedien.de
www.klartext-verlag.de

Marco Heibel

1. FC Köln

Populäre Irrtümer
und andere Wahrheiten

Inhalt

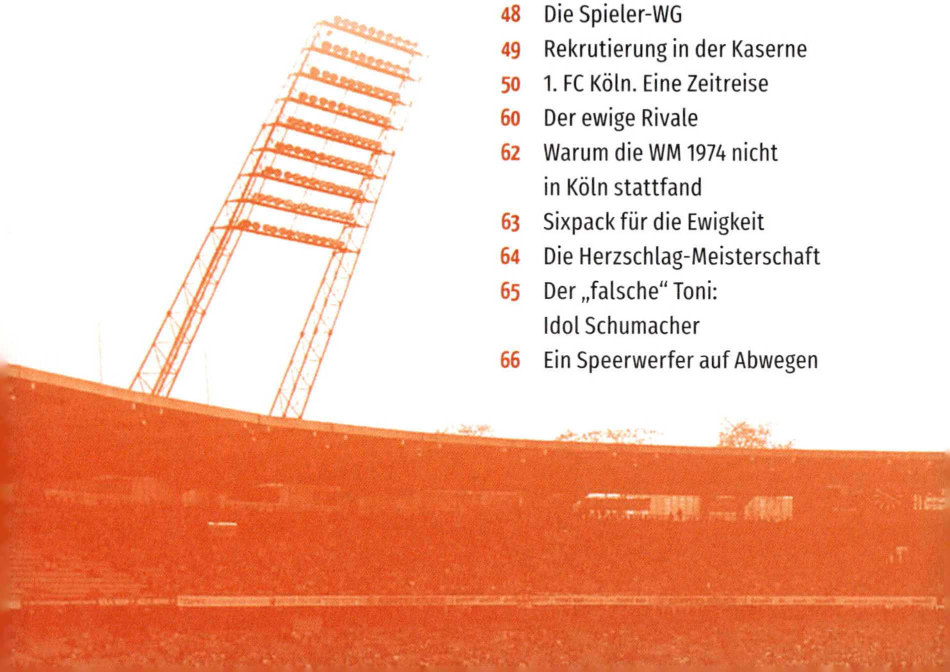

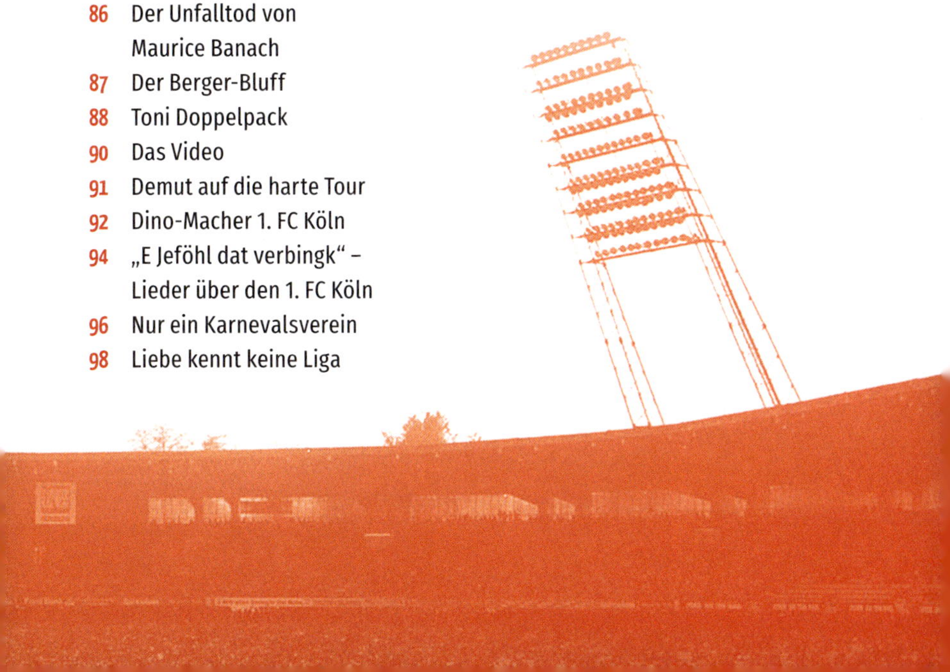

Zum Geleit

Alles begann mit einem Missverständnis. Ich war ein Kindergartenkind, als mein Cousin und mein Onkel von einem Spieler des 1. FC Köln schwärmten. Beim Kicken im Garten der Großeltern hörte ich: „Komm, dribbel mich aus, wie der Pjerlit Barski“.

Ein seltsamer Name war das, vielleicht gerade deswegen setzte er sich in meinem Kopf fest. Später lernte ich, dass dieser begnadete Techniker mit den Säbelbeinen und dem schiefen Grinsen Pierre Littbarski hieß. Dribbeln konnte er, das kann man sagen. Und er hat erheblich dazu beigetragen, dass ich seinen Verein in mein Herz geschlossen habe.

Meine frühe Zuneigung sollte sich aber rächen: Je älter ich wurde und je mehr ich den Fußball zu verstehen glaubte, desto schlechter spielte der FC. Doch dieser Verein hatte etwas: eine große Geschichte, ein lebendes Maskottchen, eine einzigartige Stadionatmosphäre und immer wieder Spieler, die mich faszinierten. Nach Littbarski kam Toni Polster, dann Dirk Lottner – und an

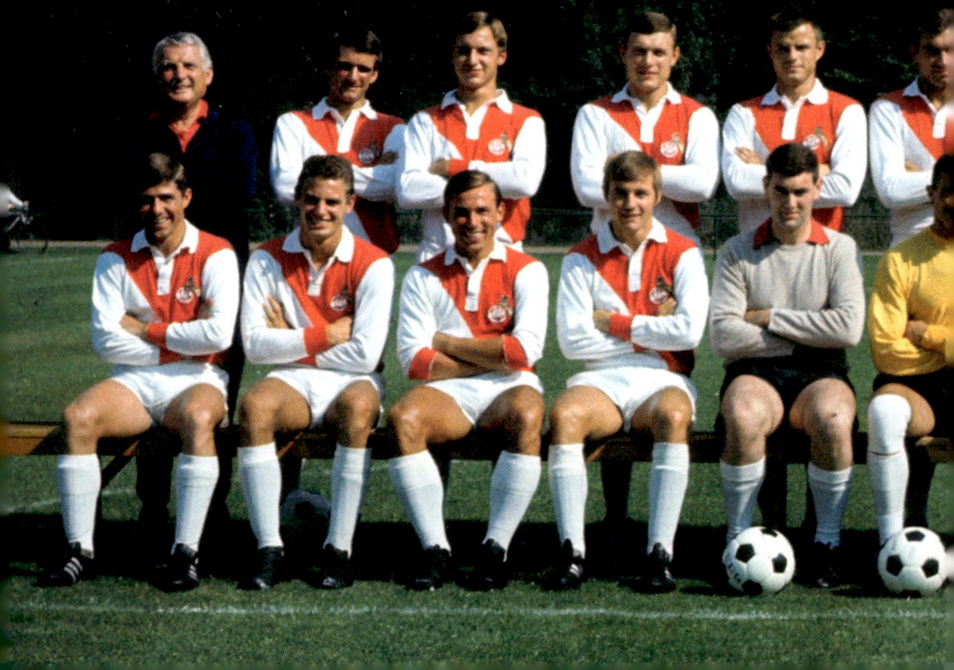

einem nasskalten Novembertag im Jahr 2003 betrat ein gewisser Lukas Podolski die Bühne.

Damals, ich war Student im dritten Semester und Dauerkarteninhaber auf der Südtribüne, philosophierte ich mit Freunden, wann man eigentlich alt ist. Nach Podolskis Profidebüt beim tristen 0:1 gegen den HSV hatte ich meine Antwort: wenn der Lieblingskicker jünger ist als man selbst. In meinem Fall machte mich also ein gerade 18-Jähriger ohne Führerschein und mit den letzten Spuren der Pubertät im Gesicht zu einem alten Mann.

Auch mit Podolski blieb der FC sich leider treu und wechselte fast im Jahresrhythmus die Liga. Mit viel Sarkasmus hielt ich es aus und lernte, Rückschläge mit Fassung zu tragen. Heute kann ich sagen: Der 1. FC Köln hat mir dabei geholfen, erwachsen zu werden. Vielleicht ja auch Ihnen.

Ich wünsche viel Freude beim Lesen.

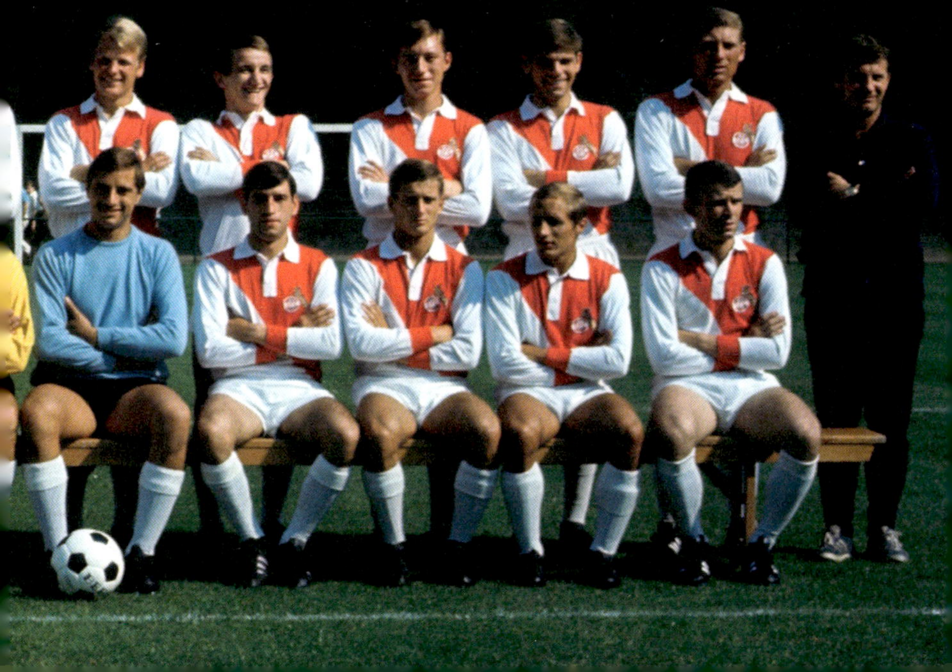

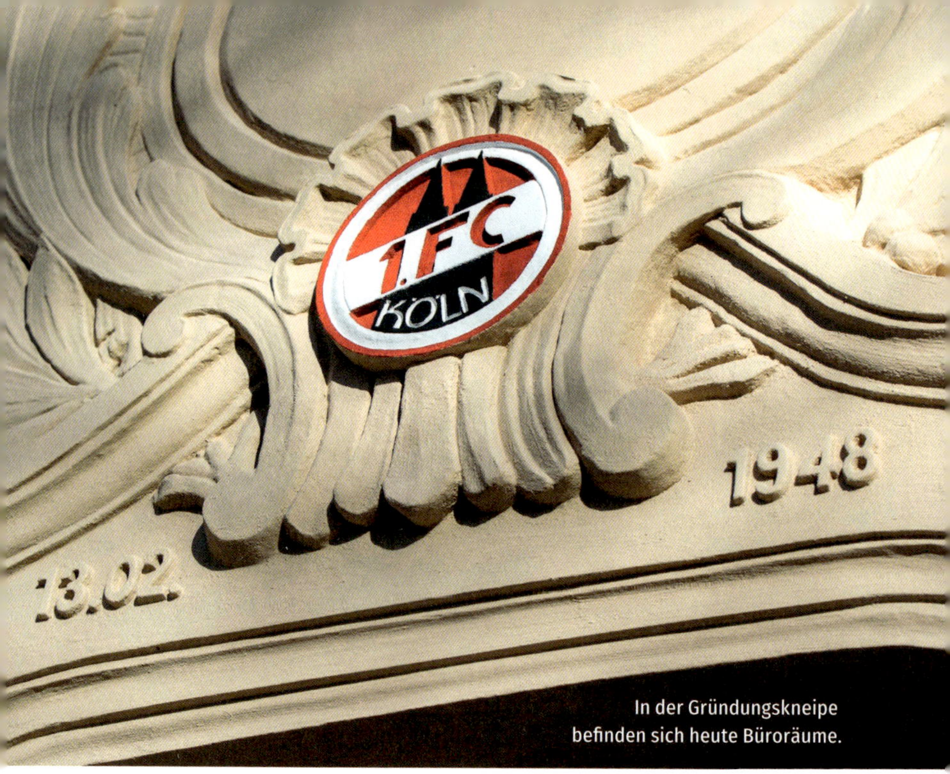

In der Gründungskneipe befinden sich heute Büroräume.

Freitag, der 13.

Mit Aberglauben hatte Franz Kremer offenkundig nicht viel am Hut. Und wenn doch, dann ließ er sich von einem vermeintlichen Unglücksdatum nicht stoppen. Schließlich wollte der ehrgeizige Präsident des Kölner BC von 1901 aus dem gutbürgerlichen Stadtteil Klettenberg einen Fußballverein aus der Taufe heben, der es mit den Spitzenklubs des Landes aufnehmen konnte. Daran mangelte es der stolzen Domstadt, als Kremer am Freitag, den 13. Februar 1948 die Gaststätte Roggendorf in der Luxemburger Straße 188 betrat.

Zuvor war der 42 Jahre alte Werbeartikelunternehmer beim Versuch gescheitert, seinen KBC mit dem SV Union zu fusionieren. Im zweiten Anlauf mit der Spielvereinigung Sülz 07 hatte

Kremer endlich Erfolg – womöglich auch, weil er folgenden Satz sagte: „Wollen Sie mit mir Deutscher Meister werden?"

Weil der Kölner gerne träumt, stimmte die überwältigende Mehrheit der Mitglieder des KBC (156 Ja-Stimmen, zehn Enthaltungen, keine Nein-Stimme) und von Sülz 07 (121 Ja-Stimmen bei 156 Teilnehmern) für die Fusion beider Vereine zum 1. Fußball-Club Köln 01/07 e.V. Gründungspräsident wurde natürlich Kremer.

Bei den Vereinsfarben und der Spielstätte machte man es sich leicht. Der neue Klub trug Rot und Weiß wie Sülz 07 – was nebenbei erwähnt auch die Farben der Stadt Köln sind. Gespielt wurde im Sportpark Müngersdorf, der Heimstätte der Sülzer.

Nicht nur Freunde machte sich der „neue" Verein mit seiner Namenswahl: 1. FC Köln, das ging einigen älteren und erfolgreicheren Klubs in der Rhein-Metropole zu weit. Doch der FC ließ die Kritik durch sportlichen Erfolg schnell verstummen. Zumal die Namenswahl angeblich gar nicht anmaßend gemeint war. Die Legende lautet nämlich, dass der Sülzer Ehrenpräsident Karl Büttgen schlicht ein Bewunderer des 1. FC Kaiserslautern um den späteren Weltmeister-Kapitän Fritz Walter war und deswegen die Idee mit dem 1. FC aus Köln entstand.

Das erste Spiel am 15. Februar 1948 gewann der Klub haushoch, die vereinigte Mannschaft aus Sülzern und Klettenbergern besiegte in der Rheinbezirksliga/Gruppe 1 den Gast Nippes 12 mit 8:2. Den ersten Treffer der Vereinsgeschichte vor 2432 Zuschauern in der Radrennbahn erzielte Walter Radant.

Der 1. FC Köln beendete die Saison auf Rang eins, verpasste aber den Aufstieg gegen Rhenania Würselen. Es war nur ein kleiner Rückschlag. Der FC avancierte schnell zur Nummer eins in der Stadt und durfte sich nur 14 Jahre nach der Fusion deutscher Meister nennen – Kremer hielt also Wort.

Die Verweigerer von Union Köln dürften ihre Entscheidung gegen die „Schaffung eines Großsportvereins" übrigens schnell bereut haben: 1971 löste sich der Verein nach einer Saison mit 0:60 Punkten in der Kreisklasse auf.

Der Visionär

„Tradition hat nur dann Sinn, wenn der Wille zu noch größeren Taten vorhanden ist", lautete ein Leitspruch von Franz Kremer. Der Präsident des 1. FC Köln, der sich selbst als „demokratischen Diktator" bezeichnete, war von seinem Charakter wie geschaffen für die Zeit des Wiederaufbaus nach dem Zweiten Weltkrieg. Kremer war findig, zupackend, entschlossen.

Nach heutigen Maßstäben war der 1905 geborene Sohn eines Lokomotivführers in den Kölner Anfangsjahren Vereinsboss, Sportdirektor und Geschäftsführer in Personalunion. Er brachte den Bau des Geißbockheims – ein für damalige Zeiten gewaltiges Projekt – auf den Weg und hatte auch ein Händchen für goldrichtige Personalentscheidungen.

So entließ Kremer nach dem verpassten Aufstieg 1948 Trainer Karl Flink und ersetzte den früheren Nationalspieler, der nur 1,57 Meter maß, durch Abwehr-Haudegen Hennes Weisweiler. Obwohl zu diesem Zeitpunkt erst 28 Jahre alt, erfüllte Weisweiler seine neue Rolle mit Verve und wurde, nicht nur auf der Bank des 1. FC Köln, zu einer Trainerlegende.

Kremer bewies auch ein Näschen für die richtigen Transfers. So holte er im Sommer 1948 den späteren Weltmeister Hans Schäfer mithilfe eines Kniffs: Schäfer, geboren und aufgewachsen im Kölner Süden, wurde vom Stadtteilverein DJK Zollstock über den Umweg VfR Volkmarsen in Nordhessen zum FC gelotst. Der FC umging damit eine damals geltende Sperre bei Transfers innerhalb der britischen Besatzungszone.

Die Verpflichtung Schäfers sollte sich als Kremers bester Griff erweisen. Der Angreifer spielte 17 Jahre für den FC, in 506 Pflichtspielen erzielte er unerreichte 306 Tore. „De Knoll", wie Schäfer wegen seines Dickschädels genannt wurde, war zudem Kapitän der Meistermannschaften von 1962 und 1964.

Doch auch Schäfer war nicht vor der Wut des allmächtigen Kremer gefeit. Mehr als einmal wurde der FC-Kapitän in schlech-

ten Phasen zum Haus des Präsidenten in die Franzstraße (!) zitiert, um sich eine Standpauke abzuholen.

Kremers Meisterstück: Er trieb entscheidend die Gründung der Fußball-Bundesliga zur Saison 1963/64 voran. Erster Meister? Natürlich der 1. FC Köln.

Der Verein ist auch mehr als 50 Jahre nach Kremers Tod von seinem Gründungspräsidenten geprägt. So residiert der Klub natürlich an der Franz-Kremer-Allee, auch das Amateurstadion ist nach dem „Boss" benannt.

Franz Kremer, der seinen FC in weniger als zwei Jahrzehnten sportlich und strukturell zur Nummer eins im deutschen Fußball machte, starb am 11. November 1967 an einem Herzinfarkt, während er im Radio die Übertragung der Bundesligaspiele verfolgte. Nachdem Hannes Löhr zum Kölner 2:0 bei Eintracht Frankfurt getroffen hatte, schloss Kremer für immer seine Augen.

Geißbock Hennes: mehr als ein Maskottchen

Maskottchen findet man mittlerweile bei jedem Fußballverein, der etwas auf sich hält. Borussia Dortmund etwa setzt auf die fröhliche Biene „Emma“ – wegen der Farbkombination Schwarz-Gelb. Bei Bayern München winkte vor Heimspielen erst der „Bazi“ den Fans zu, später dann ein Bär namens „Berni“. Bei RB Leipzig übernimmt diesen Part wenig überraschend ein roter Bulle.

All diese Klubs mögen dem 1. FC Köln sportlich den Rang abgelaufen haben, bei der Einführung des Maskottchens waren die Domstädter den heutigen Top-Vereinen des deutschen Fußballs aber um Jahrzehnte voraus. Ein weiterer feiner Unterschied: Es

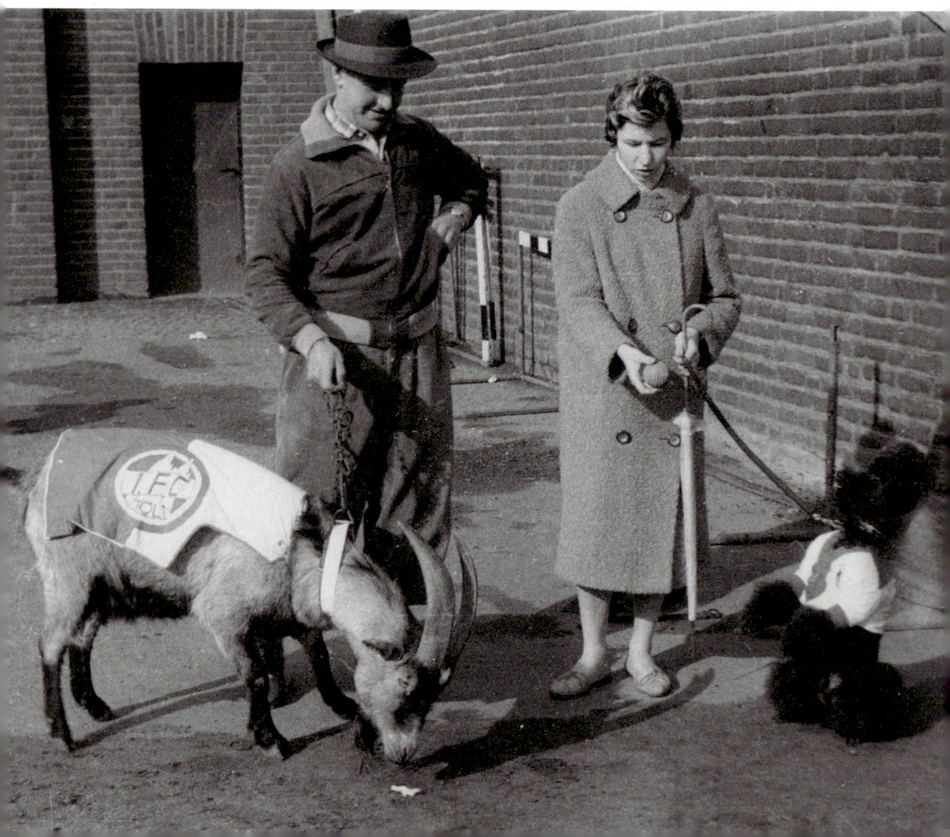

steckte keine Marketing-Strategie dahinter, wie der 1. FC Köln auf den Geißbock kam – und wie der Paarhufer zum selbstverständlichen Teil der Vereins-DNA wurde.

Der FC feierte bei seiner eigenen Karnevalssitzung am 13. Februar 1950 zweijähriges Bestehen, als Präsident Franz Kremer vom Zirkus Williams einen einjährigen Geißbock als Geschenk erhielt. Und dieser war fortan irgendwie immer dabei.

Mythenumrankt ist, wie das Tier zu seinem Namen kam. Laut einer populären, aber nie bewiesenen Version pinkelte der junge Geißbock dem störrischen Trainer Hennes Weisweiler zur Begrüßung auf die Schuhe. So oder so: Den Namen Hennes wurde das Kölner Maskottchen nicht mehr los.

In den Anfangsjahren war der Geißbock sogar bei Auswärtsspielen dabei, mal fuhr er im Mannschaftsbus mit, mal auf der Rücksitzbank eines PKW, ehe er einen eigenen Anhänger erhielt. Später regte sich Widerstand bei Tierschutzverbänden, sodass Hennes seine Aktivitäten auf Heimspiele beschränkte. Doch selbst dies war nicht immer möglich: 2001 verpasste Hennes VII. wegen der Maul- und Klauenseuche als Vorsichtsmaßahme zwei Partien, auch während der Corona-Pandemie durfte der Geißbock die Mannschaft nicht vor Ort unterstützen.

Hennes I. und seine Nachfolger – die übrigens „gecastet" wurden und nicht wie in einer Adelsdynastie eine Blutlinie fortsetzen – lebten lange Jahre bei verschiedenen Betreuern. Seit 2014 logiert Hennes im Kölner Zoo im „Kleinen Geißbockheim".

Am längsten amtierte Hennes I., vom 13. Februar 1950 bis zum 4. November 1966. Der erste seiner Art erlebte die beiden Deutschen Meisterschaften 1962 und 1964 und sowie die Westdeutschen Meisterschaften 1954, 1960, 1961, 1962, 1963. Schlimm für FC-Fans: Laut Geißbock-Biograf Johannes Schröer wurde Hennes I. „mit hoher Wahrscheinlichkeit in Düsseldorf" gezeugt.

Turbulente Zeiten erwarteten vor allem Hennes VII. (15. März 1996 bis 23. Juli 2008): In seiner Amtszeit stieg der 1. FC Köln viermal aus der 1. Bundesliga ab (1998, 2002, 2004 und 2006) und kehrte ebenso oft zurück (2000, 2003, 2005, 2008).

Der FC ist ohne Hennes undenkbar.

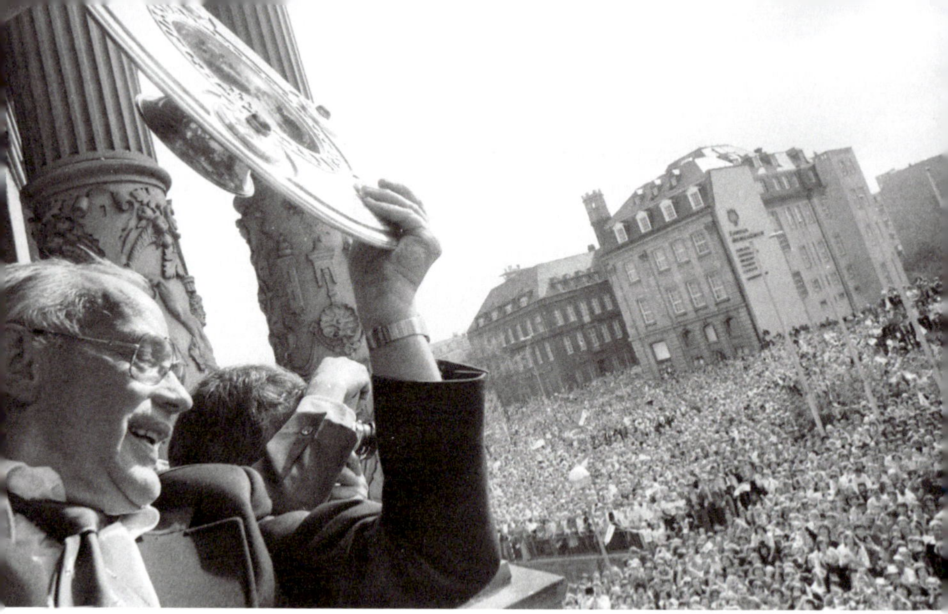

Empfang des Deutschen Meisters 1. FC Köln 1978.
Trainer Hennes Weisweiler präsentiert die Meisterschale auf dem Rathausplatz.

Der andere Hennes: Weisweiler, der „schlaue Bauer“

Wem gehört Hennes Weisweiler mehr, dem 1. FC Köln oder doch Borussia Mönchengladbach? Weisweiler arbeitete für beide Klubs, jeweils höchst erfolgreich. Mit der Elf vom Niederrhein gewann er mehr Titel, doch beim 1. FC Köln wirkte der „schlaue Bauer“ (Karl-Heinz Thielen über Weisweiler) gleich in drei Phasen über insgesamt elf Jahre.

Diese Bindung kam nicht von ungefähr. Weisweiler wurde 1919 vor den Toren der Domstadt geboren. Er spielte für den KBC, als dieser mit Sülz 07 fusionierte. Damals absolvierte Weisweiler bereits den Trainerlehrgang, schloss diesen als Bester ab, übernahm den FC zur Saison 1948/49 als Spielertrainer – und ergriff damit nicht den Beruf des Metzgers, Bäckers oder Viehhändlers, wie sein Vater es sich gewünscht hatte.

Der junge Coach brachte den Erfolg, Köln gewann 24 seiner 26 Spiele und stieg nach klaren Siegen in den Entscheidungsspielen gegen Bayer Leverkusen 1949 in die Oberliga auf.

Der FC fand sich in der damals höchsten Spielklasse gut zurecht, nach einem vierten und zwei fünften Plätzen trennte sich der Verein aber von Weisweiler, der nur drei Jahre später zurückkehrte. Parallel zu seiner Tätigkeit als Cheftrainer übernahm er 1955 an der Deutschen Sporthochschule in Köln die Führung der Trainerakademie. Weisweiler leitete 13 Lehrgänge, bildete unter anderem Udo Lattek aus.

Weisweiler selbst blieb auch in seiner zweiten FC-Phase ohne Titel, das höchste der Gefühle war Platz zwei in der Oberliga West 1957/58. Nach sechs Jahren bei Viktoria Köln wechselte Weisweiler 1964 in die Provinz nach Mönchengladbach. Dort begründete er eine Ära mit drei Meistertiteln, einem Pokalsieg und dem Triumph im UEFA-Cup 1975.

Der streitbare Weisweiler aus Lechenich avancierte zum Welttrainer, doch beim FC Barcelona scheiterte er an der Hausmacht von Superstar Johan Cruyff. So griff der damalige FC-Manager Thielen 1976 zu und holte „Don Hennes“ heim. Weisweiler durfte nun endlich ernten: 1977 gewann der FC unter seiner Leitung den DFB-Pokal, 1978 das Double – als erst dritte deutsche Mannschaft.

Typisch Weisweiler: Der Trainer ging stur seinen Weg und eckte an. Im Frühjahr 1977 sortierte er den in die Jahre gekommenen Weltmeister Wolfgang Overath aus. Dadurch stärkte der Coach den sensiblen Heinz Flohe, der in der Double-Saison als Nummer zehn besser denn je spielte. „Andere hauen auf den Schwachen rum, ich packe mir die Köpfe“, lautete Weisweilers Devise.

Anfang 1980 trennten sich die Wege, der Stil des Trainers hatte sich abgenutzt. Am 5. Juli 1983 erlitt Hennes Weisweiler einen tödlichen Herzinfarkt, sein Leichnam wurde im Kölner Dom aufgebahrt. Eine Ehre, die bis dahin nur Alt-Kanzler Konrad Adenauer und Joseph Kardinal Höffner zuteilwurde.

Stein gewordener Anspruch

Das Prunkstück der goldenen Jahre hat Staub angesetzt und bröckelt an mancher Stelle. „Wenn ich ein Top-Talent durch das Geißbockheim führe, steht in den Duschen noch das Shampoo von Hennes Weisweiler", spöttelte 2016 der damalige FC-Sportchef Jörg Schmadtke. Das Vereinshaus thronte zu diesem Zeitpunkt bereits mehr als 60 Jahre inmitten eines Naherholungsgebiets, eingerahmt von zig Bäumen und dem Ufer des Decksteiner Weihers.

Wer sich heute dem Trainingsgelände und der Geschäftsstelle des 1. FC Köln nähert, der fühlt sich tatsächlich unweigerlich in die Zeit zurückversetzt, als Franz Kremer ein Areal erschaffen ließ, das einzigartig in Deutschland war und sogar als Vorbild für internationale Großklubs diente.

Seither hat sich abgesehen von der Erweiterung um einen Bürotrakt Mitte der 2000er Jahre nicht viel getan. Längst schaut man beim FC neidisch auf so manchen Zweitligisten, der unter moderneren Bedingungen trainiert. Dass Infrastruktur, sportlicher Erfolg und die Finanzen einmal in Schieflage geraten könnten, war undenkbar, als „Boss" Kremer 1952 den ersten Spatenstich vornahm.

Noch im Ersten Weltkrieg befanden sich auf dem Gelände am Stadtrand Verteidigungsanlagen. Der damalige Oberbürgermeister Konrad Adenauer verfügte nach dem Ende des Weltenbrandes den Abbau der Forts und die Begrünung von insgesamt 800 Hektar. Inmitten dieses Grüns baute Sülz 07 sein Vereins-

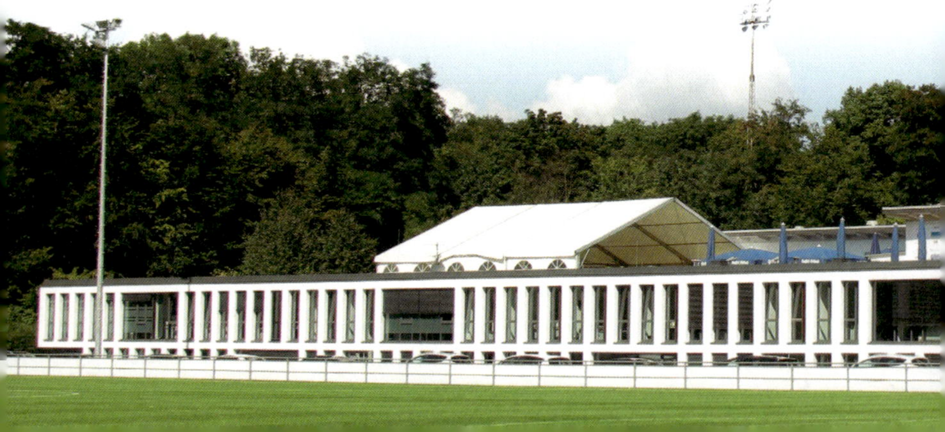

heim, doch dieses wurde Kremer schnell zu klein. Und so rollten die Bagger an.

Rauschende Feste nach Titelgewinnen fanden im 1953 fertiggestellten Geißbockheim statt, teilweise säumten Tausende Fans das Gelände. 2021 verfügte das Trainingszentrum unter anderem über vier Naturrasenplätze, zwei Kunstrasenplätze und eine Sporthalle.

Dem FC ist es mittlerweile zwar zu eng geworden, ein Ausbau stößt aber bei einigen Bürgern und Teilen der Kölner Politik auf Widerstand. Für eine Erweiterung müssten naturbelassene Wiesen weichen – ein ewiger Zankapfel.

Und ein Umzug? Der wurde trotz der Standorttreue tatsächlich erwogen. Zumindest von Christoph Daum. In seiner zweiten Amtszeit zwischen November 2006 und Juni 2009 hatte der Coach genug von den öffentlichen Einheiten, denen gerade während der Ferien mehrere hundert Fans beiwohnten. Daum wollte nach dem Vorbild englischer oder italienischer Klubs seine Ruhe haben auf einem abgeschlossenen Areal. Konkret wurden die Pläne nicht, dafür packte Daum zu schnell seine Koffer und zog weiter Richtung Istanbul.

Zu Kremers Zeiten war das anders, da wollte man die Fans dabei haben. Immerhin gibt es ein Restaurant mit einladender Dachterrasse, seit 1994 einen Fanshop. Kaum zu glauben: In den 1960er Jahren konnte man am Geißbockheim sogar Minigolf spielen und Ponyreiten.

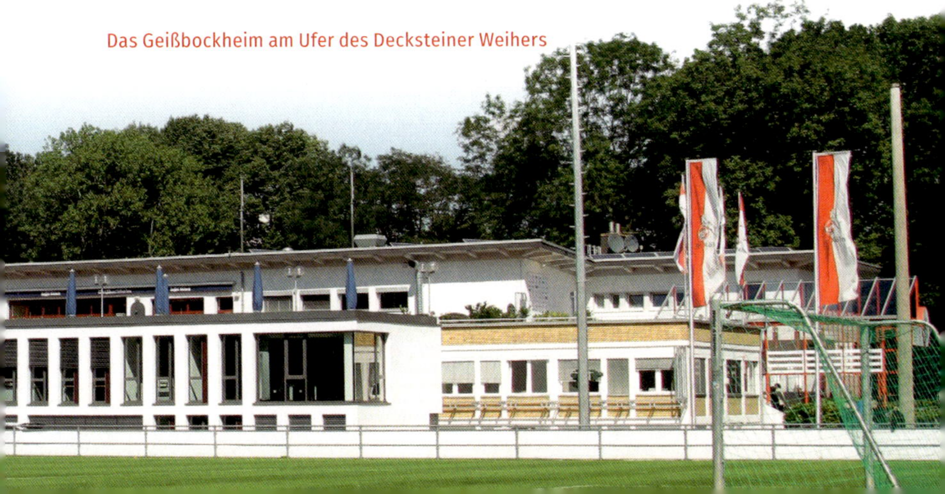

Das Geißbockheim am Ufer des Decksteiner Weihers

AHA!

Das Wappen: Dom trifft Geißbock

Geißbock Hennes ist ohne jede Übertreibung eine internationale Berühmtheit. Als das US-Magazin „Bleacher Report“ im Jahr 2013 das coolste Vereinsemblem der Sportwelt kürte, landete der 1. FC Köln auf Platz 14. Das lag vor allem an seinem Wappentier. Löwen oder Adler, diese majestätischen Jäger, findet man rund um den Globus auf zahlreichen Vereinslogos. Aber eine Ziege? Das ist mindestens bemerkenswert.

Besonders ist auch, dass es Geißbock Hennes überhaupt auf das Wappen geschafft hat. Immerhin bestand dieses beim 1. FC Köln zunächst nur aus dem Dom und dem Vereinsnamen. Der Geißbock wurde aber derart identitätsstiftend, dass er seit September 1950 mit der weltbekannten Kathedrale eine stimmige Einheit bildet.

Schon beim Ur-Design von Walter Hertel, einem Grafiker und Handballer im Dress des KBC, stand Hennes kraftvoll auf den Hinterbeinen und lehnte mit den Vorderhufen am runden Wappenbild mit Dom und Vereinsname. Das Logo wurde über die Jahre nur geringfügig verändert, seit 1967 etwa ist der Dom zwecks besserer Sichtbarkeit in Schwarz gehalten.

Auch die Konturen des Geißbocks wurden in mehreren Schritten klarer strukturiert.

Das Vereinswappen findet sich übrigens auch außerhalb von Stadion und Vereinsgelände in der Millionenstadt, etwa über der Tür zur Gründungskneipe.

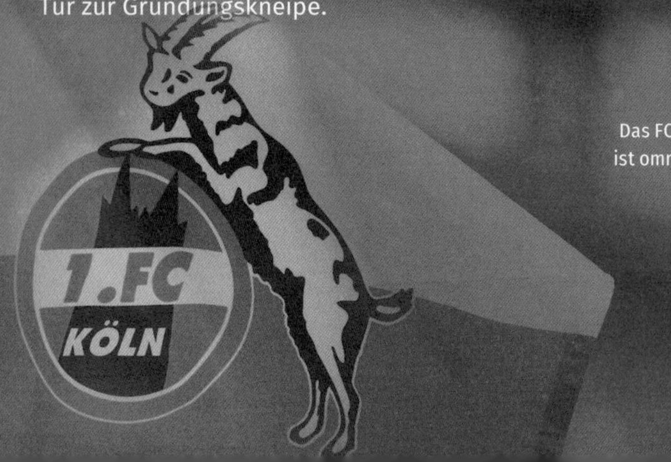

Das FC-Wappen ist omnipräsent.

Ein Name als Provokation

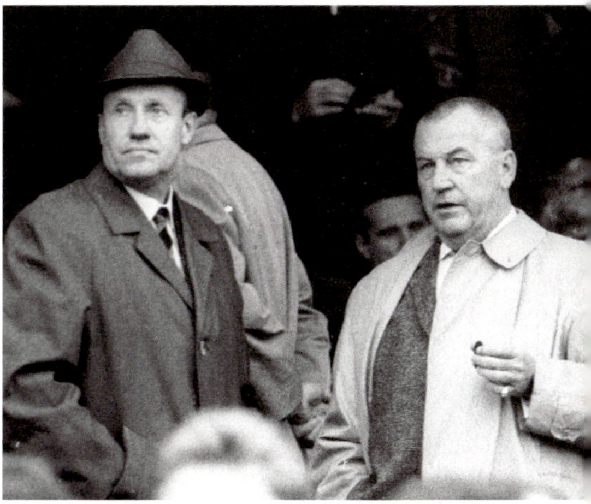

Franz Kremer (r.) mit Bundestrainer Helmut Schön

Die Sache mit dem Vereinsnamen muss noch geklärt werden. Wie erwähnt, gefiel nicht jedem, dass sich im Februar 1948 ein Klub den Namen 1. FC Köln gab. Die Nummer eins in der Stadt war seinerzeit der Verein für Rasensport Köln 04 rechtsrheinisch, aus dem gut ein Jahr später Viktoria Köln hervorging.

Dem Klub war der Emporkömmling aus Sülz und Klettenberg ein Dorn im Auge. So sehr, dass Viktoria-Anhänger nach dem 4:1 im Oberligaduell 1957 eine Todesanzeige schalteten. Darin wurde der 1. FC Köln im Alter von acht Jahren aufgrund einer „bösartigen Viktoriaritis“ zu Grabe getragen. Die Beerdigung sei bereits erfolgt, und zwar „auf dem Rasen des Kölner Stadions“.

Es war so etwas wie das letzte Aufbäumen des Stadtrivalen, war der 1. FC Köln doch bereits 1954 erstmals Westdeutscher Meister geworden und hatte im selben Jahr im Endspiel um den DFB-Pokal gestanden. Auch in der Saison 1957/58 ließ der FC die Viktoria in der Oberliga klar hinter sich. Überhaupt avancierte der FC rasant zur Nummer eins in der Domstadt, seit 1949/50 schnitt kein Verein aus Köln am Saisonende besser ab.

Anspruch auf den Titel „erster“ FC Köln erheben könnte ansonsten allenfalls der älteste Klub der Stadt. Dies ist der VfL 1899, dieser verabschiedete sich nach frühen Erfolgen aber in die sportliche Bedeutungslosigkeit.

Zahlen und Fakten

TITEL NATIONAL

3 x Deutscher Meister
(1962, 1964, 1978)

4 x DFB-Pokalsieger
(1968, 1977, 1978, 1983)

1 x Double aus Meisterschaft und DFB-Pokal
(1978)

STADION

Rhein-Energie-Stadion:
50.000 Plätze
(international: **46.195**)

WEITERE ERFOLGE

7 x Deutscher Vizemeister
(1960, 1963, 1965, 1973, 1982, 1989, 1990)

6 x unterlegener DFB-Pokalfinalist
(1954, 1970, 1971, 1973, 1980, 1991)

7 x Westdeutscher Meister
(1912 als Kölner BC 01, 1928 als SpVgg Sülz 07, 1954, 1960, 1961, 1962, 1963)

4 x Meister der 2. Bundesliga (Rekord)
2000, 2005, 2014, 2019

1 x UEFA-Pokalfinalist
(1986)

MITGLIEDER/FANS

Über **111.000** Mitglieder

Mehr als **800** offizielle Fanclubs

AHA!

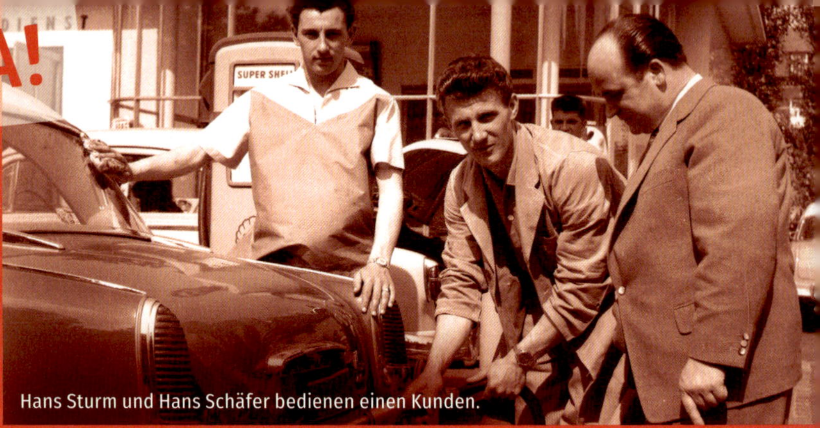

Hans Sturm und Hans Schäfer bedienen einen Kunden.

Die Gehaltsobergrenze umdribbelt

Ein Erfolgsbaustein des jungen 1. FC Köln war es, absolute Top-Spieler anzulocken. Franz Kremers Vision von einer goldenen Zukunft mag dabei ein Faktor gewesen sein. Doch das allein reichte kaum, um hochveranlagte Kicker wie Hans Schäfer oder Jupp Röhrig zu verpflichten.

250 D-Mark pro Partie durfte ein Lizenzspieler in den 1950er Jahren verdienen, mehr gestattete der Deutsche Fußball-Bund nicht. Und so wurde Kremer erfinderisch. Regelmäßig wurden Trainingseinheiten durch Spiele gegen unterklassige Mannschaften ersetzt, dadurch zahlte der 1. FC Köln ganz legal etwas mehr.

Außerdem vermittelte der bestens vernetzte FC-Präsident seinem kickenden Personal gut bezahlte Nebentätigkeiten oder half bei der wirtschaftlichen Absicherung für die Zeit nach dem Karriereende. Tankstellen oder Schreibwarenläden waren bis in die 1970er Jahre klassische zweite Standbeine von Bundesligaspielern.

Selbst nach Gründung der Bundesliga zur Saison 1963/64 hielt der DFB zunächst an einer Gehaltsobergrenze von 1200 D-Mark im Monat fest – inflationsbereinigt entspricht das gut 2700 Euro. Wegen seiner Verdienste als WM-Held von 1954 war FC-Kapitän Hans Schäfer einer von nur zwei Spielern in Deutschland, der mehr verdienen durfte. Heute muss man sagen: Die Zeiten haben sich erheblich geändert.

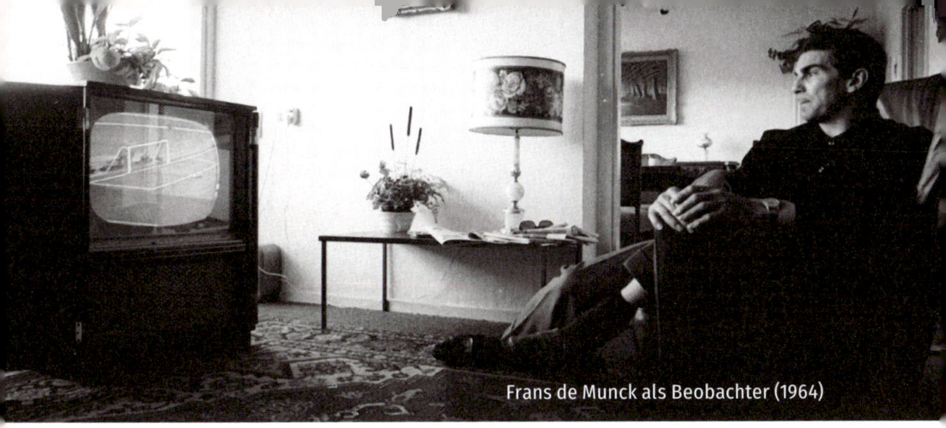
Frans de Munck als Beobachter (1964)

Der erste Popstar

Heutzutage ist fast jeder Fußballprofi ein Popstar. Aufwendig gepflegte Social-Media-Profile, jede Menge TV-Präsenz, dazu zig Berichte in Zeitungen und Magazinen – so einfach geht das. Wer aber war eigentlich der erste Popstar des deutschen Fußballs?

Nicht wenige sagen, es war ein Niederländer: Torhüter Frans de Munck, von 1950 bis 1954 für den 1. FC Köln aktiv. De Munck war einer der besten Keeper seiner Zeit und zugleich ein Mann mit Potenzial für die Leinwand: groß, pechschwarzes Haar, Zahnpastalächeln. Die Damenwelt schmachtete „den schönen Frans" an, die Männer feierten den „schwarzen Panther" – als Win-Win-Situation für den Verein würde man das heute bezeichnen.

Berühmt-berüchtigt war de Munck in Köln allerdings für seine Extratouren. So ließ er einmal seine Mitspieler eine Stunde lang im Mannschaftsbus warten, weil er spontan beim Friseur war.

Ein anderes Mal vermissten die Kollegen nicht nur de Munck, sondern auch den Bus samt Fahrer. Der niederländische Nationalkeeper hatte sich spontan zum Barbier kutschieren lassen.

Auch eine besondere Klausel hatte de Munck in seinem Vertrag: Er musste nie auf Aschenplätzen spielen.

1954 kehrte de Munck als Westdeutscher Meister und DFB-Pokalfinalist in seine Heimat zurück. Er starb an Heiligabend 2010 im Alter von 88 Jahren.

Feuriger Stummel: die erste Meisterschaft

Anfang der 1960er Jahre spielte der 1. FC Köln in der Oberliga West in seiner eigenen Liga. Hans Schäfer oder Christian Müller trafen nach Belieben, Klasseverteidiger wie Karl-Heinz Schnellinger und Leo Wilden hatten leichtes Spiel mit den Stürmern aus Solingen, Herne oder Hamborn. So kam es zu einer Serie von Westdeutschen Meistertiteln, der große Wurf aber ließ auf sich warten.

Die Schwierigkeit bestand darin, beim damaligen Endrundenturnier in seiner Vierergruppe mit den besten Vertretern anderer Regionen zunächst den ersten Platz zu belegen und dann das Finale zu gewinnen. 1960 scheiterte der 1. FC Köln knapp mit 2:3 am Hamburger SV, das entscheidende Tor gelang Uwe Seeler.

1961 schließlich wagte Franz Kremer ein Experiment – er sollte abermals für seinen Mut belohnt werden. Kein Trainer der alten Schule, sondern der erst 37 Jahre alte Zlatko „Tschik" Čajkovski sollte der Mannschaft Beine machen.

Čajkovski, zweimaliger WM-Teilnehmer mit Jugoslawien, war am Geißbockheim kein Unbekannter. Zwischen 1955 und 1958 wirbelte der 1,64 m große Mittelfeldspieler für den FC. Als Trainer hatte er allerdings keinerlei Erfahrung.

Doch mit seiner Frische entflammte „Tschik" (jugoslawisch „Cik" = „Zigarettenstummel") ein Feuer. „Er hat uns derart für den Fußball begeistert, dass wir an nichts anderes mehr denken konnten", erinnerte sich Stürmer Karl-Heinz Thielen. Köln marschierte zum dritten Titel in der Oberliga West in Folge, in der Finalrunde waren Eintracht Frankfurt, der HSV und Außenseiter FK Pirmasens keine Hindernisse.

Im Endspiel schließlich wurde am 12. Mai 1962 vor 82.700 Zuschauern im Berliner Olympiastadion der damalige Rekordmeister 1. FC Nürnberg mit 4:0 demontiert. Hans Schäfer (22.),

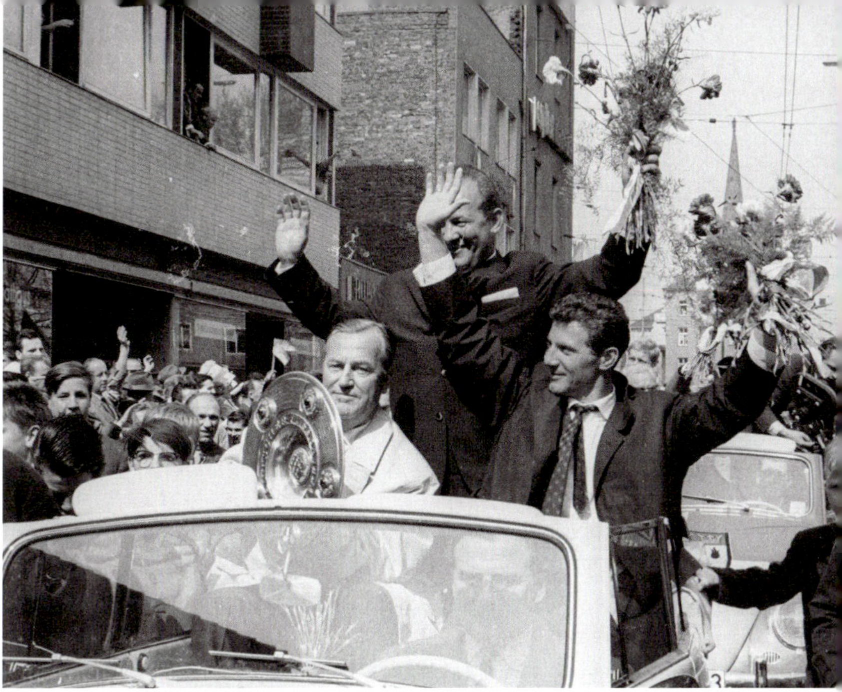

Čajkovski beim Meistercorso

Ernst-Günter „De Bumms“ Habig (26., 49.) und Fritz Pott (71.) trafen an diesem strahlend sonnigen Samstagnachmittag.

Die Zeitungen überboten sich in ihren Superlativen. Wegen der blütenweißen Trikots und des scheinbar leichten Erfolgs wurde etwa der Begriff „Real Madrid des Westens“ geprägt – was bei geographisch seriöser Auslegung nicht haltbar ist, liegt Madrid doch weit mehr als 1000 Kilometer westlich von Köln. So oder so: Ganz Köln lag der Meistermannschaft und auch Čajkovski bei der Triumphfahrt durch die Stadt zu Füßen.

Im Jahr darauf war der FC erstmals für den Europapokal der Landesmeister qualifiziert – ein ganz eigenes Kapitel. In der Liga wiederholte Čajkovski mit Köln den Gewinn der Westdeutschen Meisterschaft, verlor aber das letzte Endspiel um den Titel gegen Borussia Dortmund. Danach wurde die Bundesliga gegründet, und Kremer setzte auf einen neuen Trainer. Čajkovski sattelte um, er ging zu einem aufstrebenden Verein aus Süddeutschland namens Bayern München.

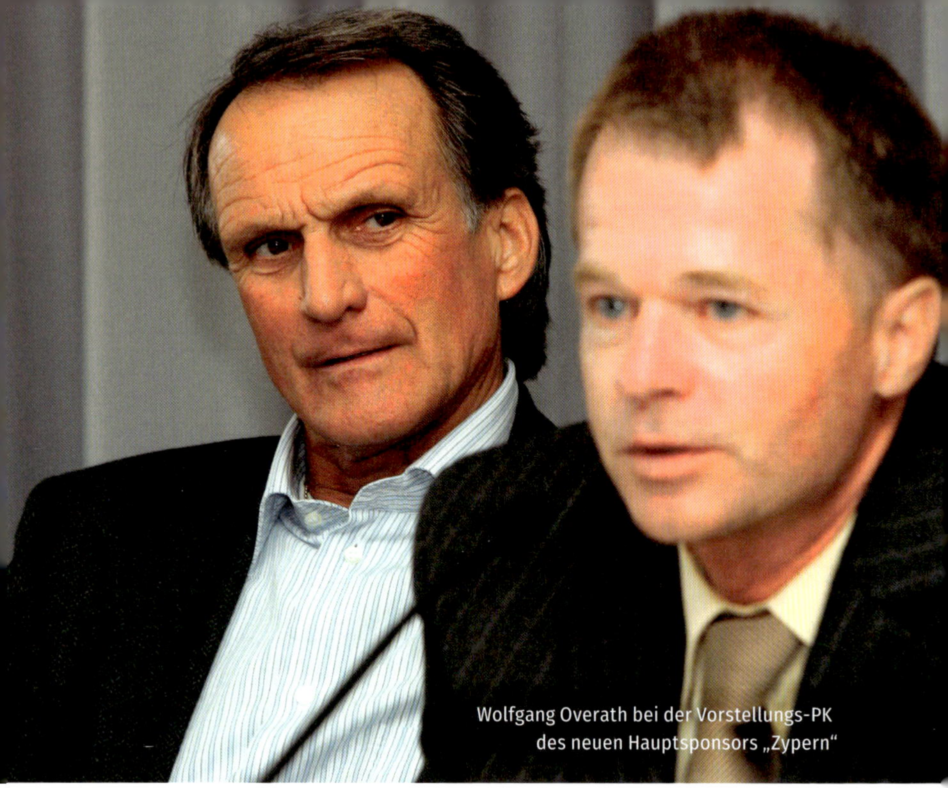

Wolfgang Overath bei der Vorstellungs-PK des neuen Hauptsponsors „Zypern“

Von Cebinac bis Zypern

Einer beziehungsweise zwei Landsleute von Čajkovski – genau weiß man das nicht – sorgten 1965 beim FC für einigen Wirbel. Nach starkem Probetraining verpflichtete der Klub einen jungen Jugoslawen namens Srdjan Cebinac. Der Offensivspieler war schnell, trickreich, ein echter Gewinn. Das Problem: Als die neue Saison begann, schien Cebinac über den Sommerurlaub alles verlernt zu haben, weswegen der FC ihn geholt hatte. So kam er nur auf drei Spiele im Geißbocktrikot.

Verdächtig wurde die Sache aber erst, als 1967 beim 1. FC Nürnberg Zvezdan Cebinac anheuerte, seines Zeichens der 15 Minuten jüngere Zwillingsbruder des Köln-Flops. Und siehe da, dieser Zvezdan Cebinac war ein ganz anderes Kaliber, ein Spieler von absolutem Bundesliganiveau. Gleich in seinem ersten Jahr in Nürnberg feierte er die Deutsche Meisterschaft. Spätestens da schwante den FC-Verantwortlichen, dass sie vermutlich von einem talentierten Zwilling an der Nase herumgeführt wurden. Beweise für die Mogelei gab allerdings nicht.

Ganz und gar unstrittig ist, dass der 1. FC Köln 2005 auf einen Bauernfänger hereinfiel. Der Klub war gerade wieder mal in die Bundesliga zurückgekehrt, hatte in Lukas Podolski das seinerzeit größte Versprechen des deutschen Fußballs in seinen Reihen und in Spielerlegende Wolfgang Overath einen Mann auf dem Präsidentenstuhl, der nach Jahren im Fahrstuhl zwischen 1. und 2. Liga wieder nach ganz oben wollte.

Geld war für dieses Projekt durchaus hilfreich, und so kam ein Angebot der Urlaubsinsel Zypern sehr gelegen. 4,3 Millionen Euro pro Saison – und damit fast doppelt so viel wie der bisherige Hauptsponsor – bot ein angeblicher Vertreter des zypriotischen Tourismusverbandes für den Platz auf der Kölner Trikotbrust. Der Deal wurde perfekt gemacht. Overath ließ sich am Rheinufer vor Styropor-Säulen im griechischen Stil dabei ablichten, wie er in einem Touristenkatalog der Sonneninsel blätterte.

Der in Köln ansässige Westdeutsche Rundfunk recherchierte anschließend und fand heraus, dass die Satena Holding als Verhandlungspartner des FC leider rein gar nichts mit dem Tourismusverband Zyperns zu tun hatte. Letztlich sprang ein langjähriger Großsponsor des 1. FC Köln ein – für einige Millionen weniger.

In den meisten Fällen witterte der Verein aber, wenn etwas faul war. Wie im Jahr 2008, als ein angeblicher Prinz aus Saudi-Arabien vorstellig wurde und 50 Millionen Euro in den Klub investieren wollte. Den Verantwortlichen kam der Blaublüter aus dem Orient allerdings schnell spanisch vor. Und tatsächlich verbarg sich hinter Mohamed Al-Faisal, der mit Privatsekretärin, Anwalt und Steuerberater auftrat, ein deutscher Staatsbürger, der sich aus der Privatinsolvenz befreien wollte.

Müngersdorf = Heimat

Der 1. FC Köln hat seine Gäste zwar ab dem ersten Spiel im Stadtteil Müngersdorf empfangen, doch die Stadiongeschichte des Klubs ist wechselvoll. Umbauarbeiten und -pläne begleiteten den FC seit der Premiere am 15. Februar 1948.

Die erste Bundesliga-Meisterschaft etwa wurde im „alten" Müngersdorfer Stadion bejubelt.

Die 1923 errichtete Arena mit Aschenbahn fasste bis zu 80.000 Zuschauer und war bei Fertigstellung eines der größten Stadien Europas.

Lediglich ein kleiner Teil der Haupttribüne war überdacht. Hier waren die besten Plätze, hier begrüßte Präsident Kremer in den goldenen Jahren Größen aus Sport, Politik und Wirtschaft. FC-Heimspiele waren ein gesellschaftliches Ereignis.

Das Stadion im Sportpark Müngersdorf war allerdings bereits damals baufällig, nach der Vergabe der Weltmeisterschaft 1974 nach Deutschland ergriff die Stadt daher die Chance zum Bau einer modernen Arena an identischer Stelle.

Dies bedeutete, dass der 1. FC Köln zeitweilig ausziehen musste. Ein Notquartier bot die benachbarte Radrennbahn, die deutlich enger und damit stimmungsvoller war als die Hauptarena. Zwar wurde ihre Kapazität wegen des Umzugs von 15.000 auf 29.000 Plätze erhöht, doch weil der FC länger als geplant (von 1971 bis 1975) im kleineren Stadion spielte, waren die wirtschaftlichen Einbußen enorm.

Das lange Warten aber sollte sich lohnen. Das neue Müngersdorfer Stadion mit 61.000 Plätzen war die erste komplett überdachte Fußballarena in Deutschland. Das Stadion war nicht nur Schauplatz für FC-Triumphe und -Tragödien, sondern bot auch die Bühne für Konzerte von Musikgrößen wie den Rolling Stones, Michael Jackson oder Tina Turner. 1987 feierte Papst Johannes Paul II. in Müngersdorf eine Messe mit 70.000 Gläubigen.

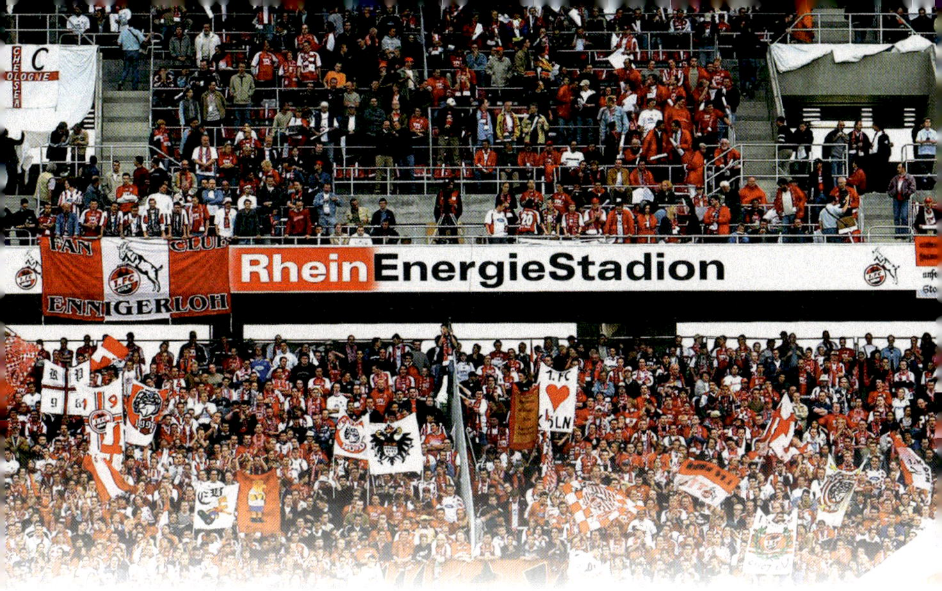

Der Standort Müngersdorf ist für viele FC-Fans unverhandelbar.

Der größte Haken des Stadions, in dem alljährlich ein Leichtathletik-Meeting stattfand, war der Umstand, dass die Fans wegen der Laufbahn weit weg vom Geschehen waren. Wenn nicht gerade der Erzrivale aus Mönchengladbach oder die Bayern kamen, war das Stadion zudem oft nur zu einem Drittel bis zur Hälfte gefüllt. Dies ging zulasten der Stimmung.

Die Vergabe der WM 2006 nach Deutschland war letztlich entscheidend für einen abermaligen Neubau. Diesmal spielte der FC mehr als zwei Jahre auf einer Baustelle, doch heraus kam Anfang 2004 ein Schmuckstück mit 50.000 Plätzen, komplett überdacht und vor allem: Die Fans waren endlich ganz nah dran. Die Baukosten blieben mit 117,5 Millionen Euro zudem vergleichsweise moderat.

Und doch gab es danach Bestrebungen, das Stadion auf mindestens 70.000 Plätze auszubauen – oder vor den Toren der Stadt eine komplett neue Mega-Arena zu errichten. Das wiederum brachte die Fans auf, für sie ist der Standort Müngersdorf „unverhandelbar".

Der Trikotstoff, aus dem die Träume sind

Ganz in Weiß. So sehen die Fans des 1. FC Köln ihre Mannschaft am liebsten. Das hat historische Gründe. In der erhabensten aller Farben, in der sich normalerweise nur Real Madrid aufzulaufen traut, spielte der FC in den Meisterjahren 1962 und 1964. Danach kam die zweite Vereinsfarbe Rot verstärkt zum Tragen. Und auch das war kein Fehler.

So genießt das rot-weiße Diagonal-Jersey mit edlem Kragen und Knopfleiste, das die Mannschaft beim DFB-Pokalsieg 1968 trug, bis heute Kultstatus. Es versprühte pure Eleganz und trägt auch wegen seiner Ästhetik den Beinamen „Dior-Trikot".

Das bekannte Pariser Modehaus Christian Dior hatte mit der Kreation dieses Jerseys zwar nichts zu tun, ein Designerstück war es trotzdem. Das rot-weiße Trikot, dessen Look 1998 und 2014 wiederbelebt wurde, gab Franz Kremer beim Pariser Modemacher Jacques Fath in Auftrag. Hollywoodstars wie Greta Garbo und Ava Gardner vertrauten dem Haus, und auch der FC wollte mehr als ein Oberteil zum Sporttreiben. Das Trikot bestand neben der damals üblichen Baumwolle auch aus Seide, dadurch lag der Stoff sanft auf der Haut und blieb länger in Form.

Später waren beim FC allerdings auch einige Design-Ausrutscher dabei. Als Tiefpunkt darf wohl das knallrote Trikot mit orangem Wabenmuster angesehen werden, das der FC in der Saison 1997/98 trug – und in dem man erstmals den Gang in die 2. Bundesliga antrat.

Geißbock Hennes ist übrigens erst recht spät auf das Trikot gekommen. Premiere über den Herzen der Spieler feierte der Bock im DFB-Pokalfinale 1954, da war Hennes bereits vier Jahre Teil des Vereinsemblems.

2013 schlug der FC ein neues Kapitel in seiner Trikotgeschichte auf. Kurz vor dem Sessionsstart am 11. November präsentierte

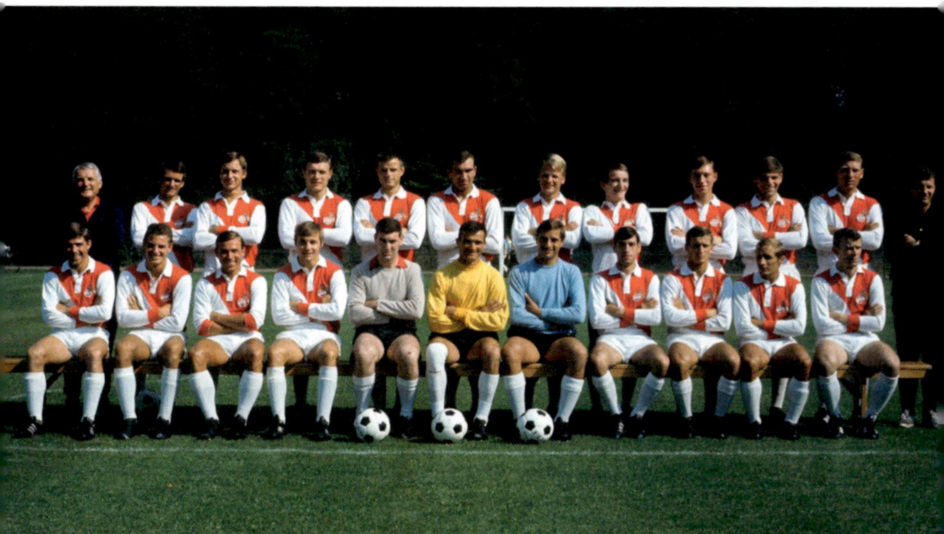

Kleider machen Leute: das „Haute Couture"-Trikot des 1. FC Köln

die Mannschaft ihr erstes Karnevalstrikot. Daraus entstand eine kleine Tradition, Anfang November sowie rund um Rosenmontag trug der FC seither regelmäßig Sondertrikots mit jeckem Touch. Geld verdiente der Klub auch noch damit.

Was die Vorderseite des Jerseys angeht, blieb der 1. FC Köln lange puristisch. 1973 erlaubte der DFB den Vereinen Trikotwerbung, erst 1979 und damit als einer der letzten Profiklubs machte Köln den Platz auf seiner Brust zu Geld. Erster Trikotsponsor war der Elektrohersteller Pioneer, am längsten ist der derzeitige Geldgeber dabei, der Kölner Handels- und Touristikkonzern Rewe (seit 2007).

1984 hätte der 1. FC Köln übrigens ziemlich viel Geld verdienen können, doch der im benachbarten Brühl gelegene Erlebnispark Phantasialand wollte für angeblich fünf Millionen D-Mark nicht nur auf die Trikotbrust, sondern auch in den Vereinsnamen. „1. FC Phantasialand Köln" lautete die Idee – deren Umsetzung allein schon an den Statuten des DFB gescheitert wäre.

Ein Debüt zum Vergessen

1962 spielte der 1. FC Köln nicht nur optisch, sondern auch körperlich in derselben Liga wie Real Madrid. Der Europapokal der Landesmeister war im Vergleich zur modernen Champions League sogar der deutlich elitäre Wettbewerb. Nur die Titelträger ihrer Länder hatten Zutritt. Wer den Henkelpokal gewinnen wollte, musste also erst in der heimischen Liga und dann im Europacup eine perfekte Saison spielen. So weit dachte man beim 1. FC Köln nicht, als es erstmals auf die ganz große Bühne ging.

Fortuna hatte dem Deutschen Meister unter Trainer Čajkovski kein Freilos, aber einen vermeintlich machbaren Gegner beschert. Schottlands Meister Dundee FC sei eine Mannschaft, „die ihr locker schlagen könnt". An diese Worte eines Scouts erinnerte sich FC-Verteidiger Leo Wilden ganz genau. Besonders wegen dem, was folgte.

„Wir liefen in blütenweißen Trikots auf, nach dem Motto: ‚Wir sind das Real Madrid Deutschlands', und dann haben wir acht Stück bekommen", wetterte der Nationalspieler noch Jahrzehnte nach der Schmach im Hinspiel.

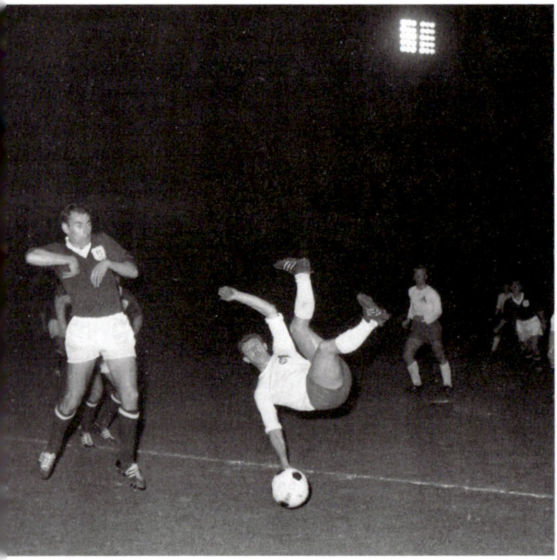

Gegen Dundee ging einiges daneben.

Mit einer 1:8-Packung machten sich die FC-Spieler auf zum Rückflug, das Aus war praktisch besiegelt. Besonders Trainer Čajkovski war untröstlich. „Winschte, Maschine stirzt ab", murmelte der Coach. Die Kölner wahrten zumindest ihr Gesicht, gewannen das Rückspiel mit 4:0.

Der 1. FC Köln „gründet“ die Bundesliga

Franz Kremer wurde die Oberliga West zu klein. Köln war in den frühen 1960er Jahren die klare Nummer eins zwischen Rhein und Ruhr, überspitzt gesagt spielten sich die FC-Stars von August bis April warm für die Meisterschaftsendrunde. Kremers Kritik und auch die Rufe von Bundestrainer Sepp Herberger nach einer eingleisigen Eliteliga, wie sie in den meisten großen Fußballnationen längst existierte, verhallten aber ungehört.

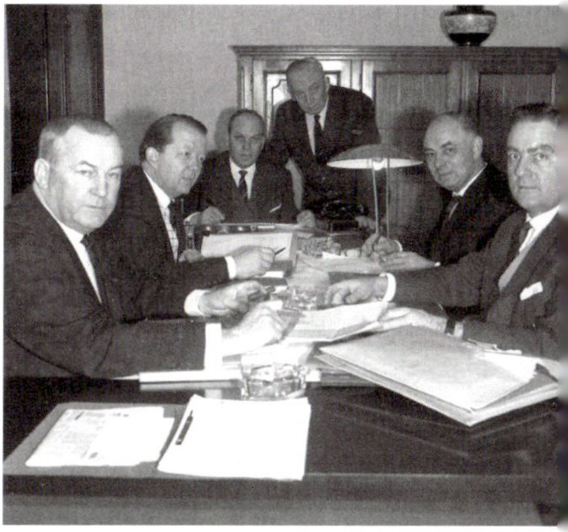

Kremer gilt als einer der Väter der Bundesliga.

Erst nach dem frühen Aus der Nationalmannschaft bei der Weltmeisterschaft 1962 erkannte man auch beim Deutschen Fußball-Bund die Notwendigkeit, Woche für Woche Wettbewerb auf Spitzenniveau zu bieten.

Dennoch wurde am 28. Juli 1962 beim DFB-Bundestag in Dortmund bis in die frühen Abendstunden debattiert, ehe die Gründung der Fußball-Bundesliga zur Saison 1963/64 beschlossen war.

Kremer, seit vielen Jahren Vorsitzender der „Interessengemeinschaft Bundesliga und Berufsfußball“, war dennoch nicht vollends glücklich. Eine Vollprofiliga war die neue Eliteklasse nämlich zunächst nicht, in der ersten Saison war das Monatsgehalt bei 1200 D-Mark gedeckelt.

46 Vereine bewarben sich um einen der 16 Plätze in der Bundesliga. Vergeben wurden diese nach sportlichen und geographischen Kriterien. Der 1. FC Köln als einer der erfolgreichsten Klubs dieser Zeit nahm diese Hürde spielerisch.

Betonte Gelassenheit bei Schäfer (o.) und Overath (2.v.r.)

Weltmeister + Youngster = Titel

Der 1. FC Köln ging die Premierensaison in der 1. Bundesliga generalstabsmäßig an. In Georg Knöpfle verpflichtete Kremer 1963 einen erfahrenen Trainer. Kapitän Hans Schäfer, mittlerweile 35 Jahre alt, führte eine Mannschaft aufs Feld, die einen perfekten Mix aus Routine und Talent zu bieten hatte. Für das Talent stand vor allem ein gertenschlanker Mittelfeldspieler, der den 1. FC Köln mehr als ein Jahrzehnt lang als Anführer prägen sollte: Wolfgang Overath.

19 Jahre jung war der gebürtige Siegburger bei seinem Bundesliga-Debüt. Bei der Premiere der neuen Eliteklasse trat der 1. FC Köln am 24. August 1963 beim 1. FC Saarbrücken an. Das erste Tor des Klubs im Oberhaus erzielte – Overath. Den 2:0-Endstand markierte Karl-Heinz Thielen, der mit 16 Saisontoren auch Top-Torschütze der Kölner wurde.

Der FC übernahm sogleich die Tabellenspitze und hatte sie an den 30 Spieltagen nur einmal nicht inne. Nach dem letzten Heimspiel am 9. Mai 1964, einem 2:1 gegen den VfB Stuttgart, machte sich die Mannschaft mit der Meisterschale in einem offenen Wagen auf den gut vier Kilometer langen Weg vom Stadion zum Geißbockheim. Die Fahrt dauerte mehrere Stunden, weil gut 60.000 Menschen ihre Helden feierten.

Die Zeit von Overath begann mit also einem großen Triumph, die Ära Hans Schäfers ging mit diesem Höhepunkt allmählich zu

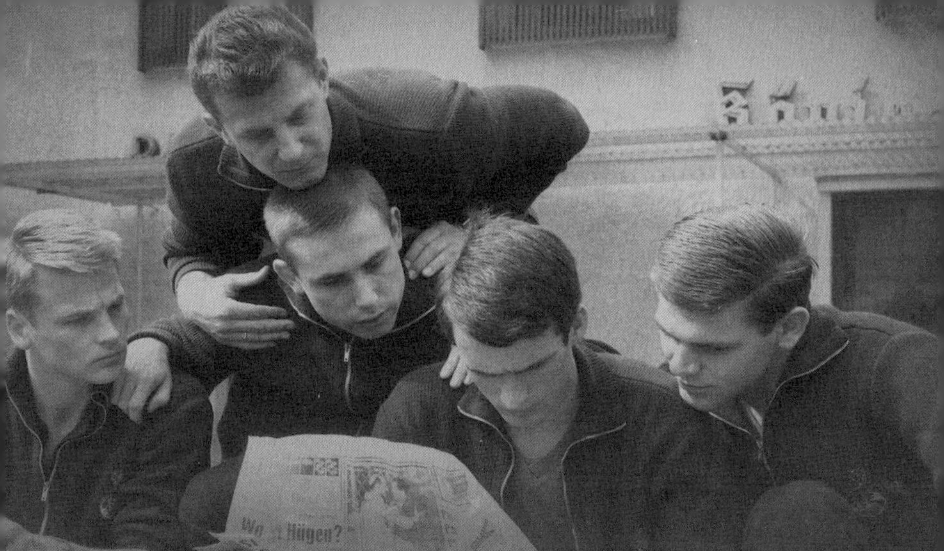

Ende. Überhaupt unterschieden sich die beiden Stars doch ziemlich. Schäfer war ein sehr guter Fußballer mit einem knallharten Abschluss, der sich für keinen Lauf zu schade war.

Overath war an seinen vielen guten Tagen vom Genie geküsst. Ein dynamischer Linksfuß mit Esprit und Biss, der nur schwer vom Ball zu trennen war und eine herausragende Übersicht hatte. Allerdings war der manchmal schwierige Charakter auch weitgehend von der Defensivarbeit befreit.

Und manchmal stieß sogar der Freigeist Overath an Grenzen. Wie im Sommer 1964, als er sich einen Karmann Ghia gönnte. So weit, so gut. Leider stellte der Jung-Nationalspieler seinen Wagen auf dem Präsidentenparkplatz ab, was „Boss" Kremer zu einer lautstarken Tirade quer über den Trainingsplatz nötigte.

Overath parkte reumütig um, nicht wissend, dass er den Präsidentenparkplatz tatsächlich einmal sein Eigen nennen würde. In seiner Zeit von 2004 bis 2011 war ihm allerdings bei weitem nicht der Erfolg seiner Profitage beschieden.

Overath spielte insgesamt 14 Jahre in der Profimannschaft, avancierte mit 542 Pflichtspieleinsätzen zum FC-Rekordspieler, wurde mit der Nationalmannschaft 1974 Weltmeister. Er feierte jedoch „nur" diese eine Meisterschaft sowie die Pokalsiege 1968 sowie 1977. Bei der rauschenden Titelfeier 1964 am Geißbockheim hätten viele Anwesenden auf eine größere Dominanz des 1. FC Köln gewettet.

Schneeallergie und Handküsse: Brasilianer beim FC

Brasilien war Anfang der 1960er-Jahre das gelobte Land des Fußballs, die Seleção mit Pelé an der Spitze gewann die Weltmeisterschaften 1958 und 1962. Und so war es für den 1. FC Köln fast schon eine Selbstverständlichkeit, den ersten Brasilianer der Bundesliga-Geschichte zu verpflichten.

Vor gut 50 Jahren war das mit internationalen Transfers allerdings so eine Sache. Gerade aus Südamerika gab es kaum TV-Material, an ein globales Scouting-Netz war längst nicht zu denken. Der renommierte Spielervermittler Julius Ukrainczyk überzeugte Franz Kremer stattdessen mit Ausschmückungen und Statistiken: Bei einer Europatournee habe ein 21-Jähriger namens Zézé, bürgerlich José Gilson Rodriguez, für seinen brasilianischen Verein in 22 Spielen satte 18 Tore erzielt, mehrere Klubs seien an einer Verpflichtung hochgradig interessiert.

Die Kölner Presse bekam Wind vom Interesse des FC an einem Sambakicker. Schnell machte der Name Pelé die Runde

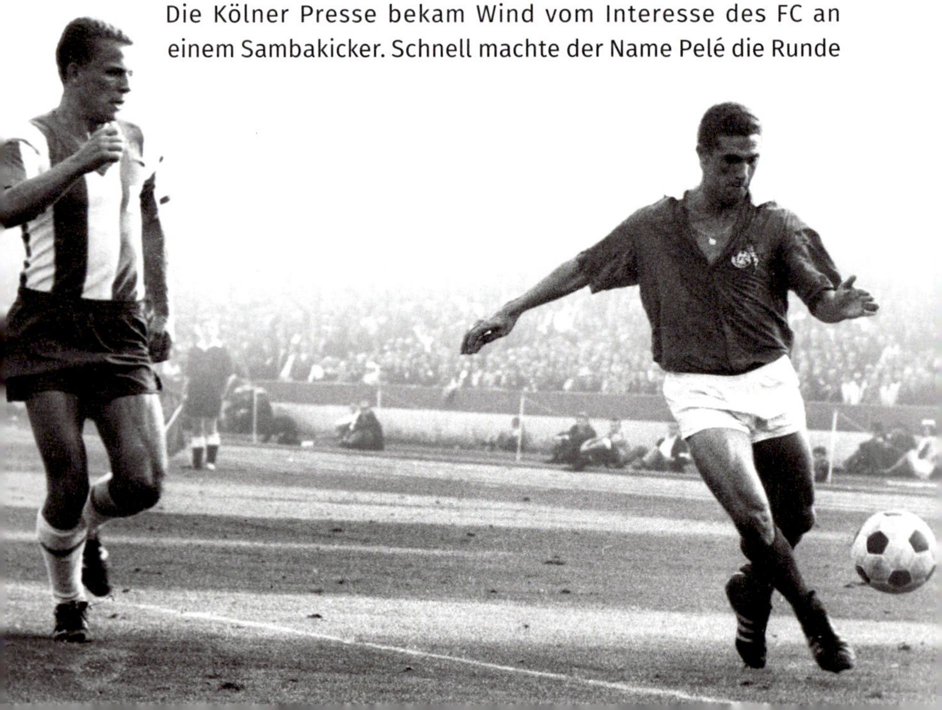

– dabei hätte man es besser wissen können: Die brasilianische Regierung hatte den Torjäger nach dem WM-Gewinn 1958 zum „Staatseigentum“ erklärt, wodurch Pelé nur für einen heimischen Klub spielen durfte…

Gewissermaßen als Katze im Sack kam Zézé vor der Saison 1964/65 ans Geißbockheim. Mit sonnengebräuntem Teint und Goldkette war der drahtige junge Mann eine Erscheinung. Aber war er auch die damals überaus stolze Ablöse von 150.000 D-Mark wert?

Nach Zézés Ankunft stellte sich bei Georg Knöpfle schnell Ernüchterung ein. Der Neuzugang war mitnichten der unwiderstehliche Torjäger, auf den der FC-Trainer gehofft hatte. Anpassungsprobleme taten ihr Übriges. In einer Zeit, in der selbst Österreicher oder Skandinavier in der Bundesliga eine Rarität waren und die meisten Spieler der Bundesligavereine aus der Region stammten, hatte es ein Südamerikaner in vielerlei Hinsicht schwer.

Im Winter 1964 spielte der 1. FC Köln in Nürnberg. Weil viele Stammkräfte nicht zur Verfügung standen, bot Knöpfle seinen Brasilianer in der Startelf auf – bei zentimeterhohem Schnee. „Zézé zitterte schon beim Betreten des Platzes am ganzen Körper. Ihn da aufzustellen, war schlichtweg wahnsinnig“, sagte Mitspieler Fritz Pott. Kurz danach erschien Zézé am Geißbockheim mit einem ärztlichen Attest. Diagnose: Schneeallergie. Am Saisonende trennten sich die Wege, Zézé bestritt insgesamt nur fünf Spiele (ein Tor) für Köln.

1965 wagte der 1. FC Köln trotz dieser Erfahrung das nächste Experiment mit einem Brasilianer. Der 100.000 D-Mark teure Torhüter Miguel Ferreira begrüßte die Damen auf der Geschäftsstelle galant mit Handkuss, er wurde aber ohne jeden Einsatz an den Bonner SC weitergereicht. Erst 1998 trug wieder ein Brasilianer das Geißbock-Trikot.

Zézé bei einem seiner wenigen Einsätze für den FC

Die größten Transferflops

Der 1. FC Köln hat in seiner langen Geschichte viele Top-Transfers getätigt. Aus Wolfgang Overath, Toni Schumacher, Bernd Schuster oder Thomas Häßler etwa wurden Weltstars. Doch wie jeder Profiklub hat auch der FC auf dem Spielermarkt danebengegriffen. Eine Auswahl:

Helmut Rahn

Der Siegtorschütze des WM-Finals 1954 war fünf Jahre nach dem Wunder von Bern der Star-Zugang des FC. Rahn war allerdings auch aufgrund seiner Vorliebe für Kneipenbesuche nicht mehr in der Form seiner Glanzzeiten. Nach elf Toren und einigen Eskapaden trennten sich die Wege nach einer Saison schon wieder.

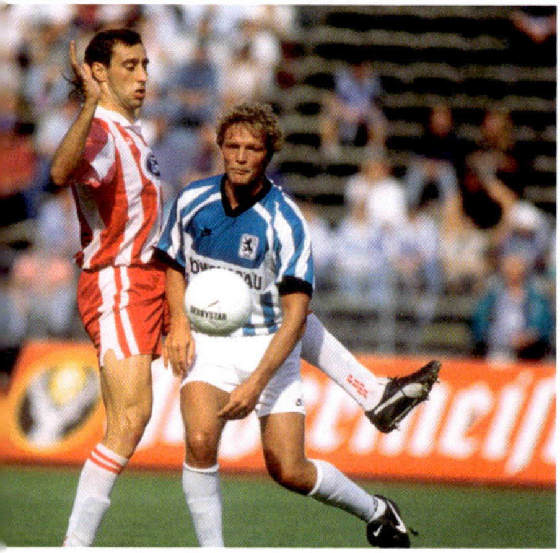

Christian Dollberg wies keine Bundesliga-Tauglichkeit nach.

Christian Dollberg

Argentinischer Verteidiger, dessen Großeltern in Köln geboren wurden, kommender Nationalspieler: So sprach man über Christian Dollberg, als der FC ihn 1995 für eine Million D-Mark verpflichtete. Der damals 23-Jährige fand sich aber nie zurecht, was auch an der schnellen Entlassung von Trainer Morten Olsen lag.

Marco Reich

Marco Reich und seinem Kaiserslauterer Mitspieler Michael Ballack gehört die Zukunft im deutschen Fußball – so lautete die einhellige Meinung nach der WM-Blamage 1998. Einer von beiden wurde tatsächlich ein Spieler von Weltformat, aus Sicht des 1. FC Köln war es leider nicht Reich. Der wurde 2001 für die Vereinsrekordablöse von sechs Millionen D-Mark aus der Pfalz ins Rheinland gelotst. In 24 Spielen blieb der Stürmer ohne Tor. Seine beste Aktion als FC-Profi war der Ausspruch „Ich bin wohl der einzige, der sich über den Euro freut: Jetzt bin ich nur noch der Drei-Millionen-Flop."

Lilian Laslandes
Ebenfalls in der Saison 2001/02 holte der FC den früheren französischen Nationalspieler Lilian Laslandes. Ein Klassestürmer, das hatte er bei mehreren Stationen bewiesen. Doch bereits beim AFC Sunderland waren seine besten Zeiten passé, in Köln gab Laslandes den Lustlos-Profi. In fünf Bundesligaspielen blieb er ohne Tor, nach einer unnötigen Rote Karte war er unten durch. Was blieb, war der fragwürdige Spitzname „Laslandesliga."

Vassilios Tsiartas
Im Sommer 2004 gehörte Tsiartas zum Kader des Sensations-Europameisters Griechenland, im November desselben Jahres wurde der Spielmacher mit hohen Erwartungen beim 1. FC Köln begrüßt. Der 32-Jährige erwies sich allerdings als behäbig und verletzungsanfällig, bestritt nur vier Spiele. Auch von Tsiartas blieb ein spöttischer Spitzname: „Faseris".

Maniche
Der FC lernte in den 2000er Jahren nicht aus seinen Fehlern. Auch bei Maniche bewahrheitete sich, dass alte Erfolge nicht alles sind. Bei der Heim-EM 2004 wurde der Portugiese noch ins All-Star-Team der UEFA berufen. Als er fünf Jahre später in Köln anheuerte, war aus dem dynamischen Mittelfeldspieler eine übergewichtige Diva geworden. Nach einer Saison war Schluss.

AHA!

Der Münzwurf

Fußball ist nicht immer gerecht. Man kann deutlich größere Spielanteile haben als der Gegner, viel mehr Torschüsse abgeben und trotzdem verlieren. Besonders bitter sind allerdings Niederlagen, bei denen man sein Schicksal nicht in den eigenen Füßen hat. Der 1. FC Köln hat dafür ein gutes Beispiel parat.

Mit der Meisterschaft 1964 qualifizierte sich der FC zum zweiten Mal für den Europapokal der Landesmeister. Man hatte aus dem Debakel von Dundee gelernt. Weder Partizan Tirana noch Panathinaikos Athen wurden unterschätzt, die Geißböcke zogen ungeschlagen ins Viertelfinale ein. Dort wartete der englische Meister FC Liverpool, eine europäische Top-Mannschaft.

Im Hinspiel am 10. Februar 1965 erreichte der FC in Müngersdorf ein 0:0 – ein Ergebnis, das der Mannschaft von Georg Knöpfle für das Rückspiel an der Anfield Road alle Chancen offenhielt. Die Partie am 3. März konnte allerdings wegen eines Schneesturms nicht stattfinden, die Kölner Delegation musste eine Woche später erneut auf die Insel reisen.

Im zweiten Anlauf wuchs vor allem Torhüter Anton „Toni" Schumacher – der Originale – über sich hinaus und rettete ein torloses Remis. Wie das Regelwerk es damals wollte, gab es keine Verlängerung. Stattdessen musste der Sieger in einem Entscheidungsspiel gefunden werden.

Die UEFA entschied sich für Rotterdam als neutralen Spielort, was gut 20.000 Kölner Fans dazu veranlasste, ihre Mannschaft am 24. März im Stadion De Kuip zu unterstützen. Trotz „Heimvorteil light" lag der FC nach 36 Minuten 0:2 zurück, das Aus schien besiegelt. Doch Köln gab nicht auf, Karl-Heinz Thielen (40.) und Hannes Löhr (48.) glichen aus und ließen das Duell wieder von vorne beginnen.

Dabei spielte der Deutsche Meister ab Ende der ersten Hälfte im Grunde nur noch mit zehneinhalb Spielern. Nationalverteidiger Wolfgang Weber zog sich einen Wadenbeinbruch zu und hielt den-

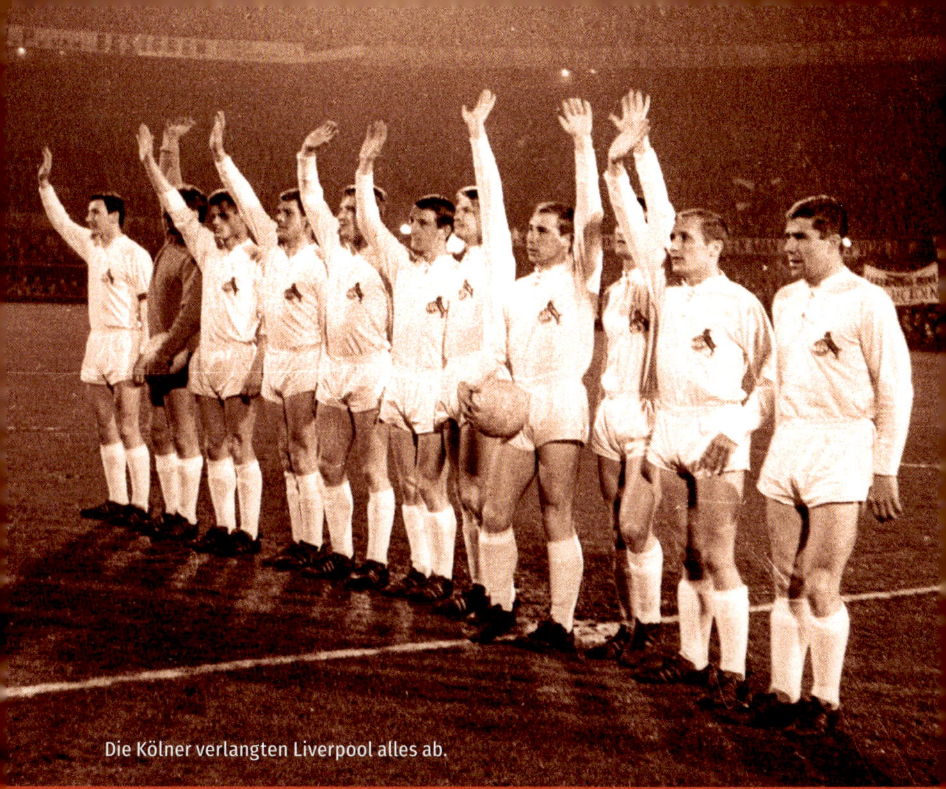

Die Kölner verlangten Liverpool alles ab.

noch durch, weil er die Schmerzen irgendwie tolerierte – vor allem aber wohl, weil damals noch nicht gewechselt werden durfte.

Trotz dieses Handicaps hatte Köln nach der Pause sogar die besseren Chancen. Als es nach Verlängerung immer noch Unentschieden stand, griff nach insgesamt 300 Minuten die Ultima Ratio der UEFA: der Münzwurf.

Bezeichnenderweise blieb das rot-weiße Stück Holz im ersten Versuch im Schlamm stecken, nach dem zweiten Anlauf lag die Münze nach dem Wurf von Schiedsrichter Robert Schaut mit der Liverpooler Seite oben. Der FC, in sieben Spielen ungeschlagen, war dramatisch ausgeschieden.

Auch wegen solcher Losentscheidungen wurde 1970 das Elfmeterschießen eingeführt. Manche bezeichnen auch dieses als Lotterie, doch die Kölner hätten dieser Form der Entscheidungsfindung in Rotterdam ziemlich sicher zugestimmt.

Der Pritschensprung des Bullen

Hätte es den Münzwurf nicht gegeben, wäre das Leiden des Wolfgang Weber die große Geschichte des Europacup-Duells zwischen Köln und Liverpool gewesen.

Unter erheblichen Schmerzen schleppte sich „Bulle", wie Weber wegen seiner Physis genannt wurde, nach dem folgenschweren Zusammenprall mit seinem Gegenspieler Gordon Milne unter Schmerzen in der Halbzeit die Kabine.

Der damals 21 Jahre alte Verteidiger war kein Weichei, und doch wurde er von seinen Teamkollegen aufgezogen, er solle sich nicht so anstellen. „Damals habe ich nicht gewusst, dass das Bein gebrochen war. Wir dachten, es sei eine schwere Prellung, die ja auch stark schmerzt", erinnert sich Weber 2015 im Interview mit der Kölnischen Rundschau.

Mannschaftsarzt Dr. Bohne gab ihm eine schmerzstillende Spritze und fügte an, er möge es noch einmal versuchen. Für einen ultimativen Schmerz-Test sollte Weber von der Pritsche springen. Bei der Landung biss er auf die Zähne, nur ein leises Ächzen stieß er hervor.

„Es war so, dass man den Wadenbeinbruch äußerlich nicht erkennen konnte", so Weber: „Instinktiv bin ich wohl zuerst auf dem gesunden linken Bein aufgekommen, trotzdem tat es höllisch weh. Aber ich bin dann wieder mit raus und habe bis zum Ende der Verlängerung auf dem Platz gestanden." Die folgenden fünf Monate fiel Weber aus.

Hart gegen den Gegner – und sich selbst: Wolfgang Weber

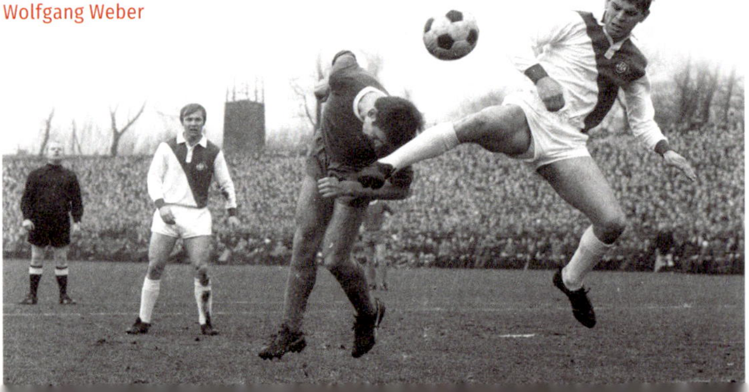

Mister 100 Prozent

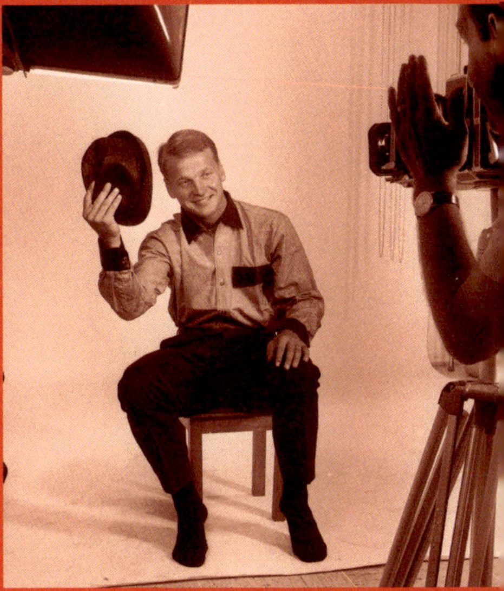

Auch neben dem Fußballplatz erfolgreich: Karl-Heinz Thielen

Sieben bedeutende Titel hat der 1. FC Köln in seiner Geschichte errungen, immerhin 21 Jahre lagen zwischen der ersten deutschen Meisterschaft 1962 und dem bislang letzten großen Erfolg, dem Gewinn des DFB-Pokals 1983. Karl-Heinz Thielen hat es trotz dieser langen Zeitspanne, welche die Dauer einer Profilaufbahn deutlich übersteigt, geschafft, zu allen Erfolgen maßgeblich beizutragen.

Der „Robert Redford vom Geißbockheim", wie der Blondschopf einst von Harald „Toni" Schumacher getauft wurde, gehörte seit 1959 dem Profikader der Kölner an. Bei den Meisterschaften 1962 und 1964 war der Angreifer eine absolute Stütze, in der Saison 1963/64 mit 16 Toren gar der treffsicherste Spieler der Geißböcke.

Dies lag auch an seinem Auftritt am 7. Dezember 1963. Beim 5:1 gegen den 1. FC Kaiserslautern avancierte Thielen zum ersten Fünferpacker der Bundesliga-Geschichte. Diese Marke wurde einzig und allein am 17. August 1977 durch den Sechserpack von Dieter Müller beim 7:2 des 1. FC Köln gegen Werder Bremen übertroffen.

1968 gewann Thielen mit dem FC zudem noch den DFB-Pokal, ehe er 1973 im Alter von nur 33 Jahren auf den Managerstuhl wechselte. In dieser Ära kamen die Pokalsiege 1977 und 1978 sowie die Meisterschaft 1978 hinzu. Beim Pokalsieg 1983 war Thielen Vizepräsident und Schatzmeister.

Goldene Zeiten: Köln als Maßstab

Blickt man auf die „ewige Tabelle" der Fußball-Bundesliga, zieht Bayern München an der Spitze einsam seine Kreise. Schaute man 1980 in die Statistikbücher des Oberhauses, stand auf Platz eins noch der 1. FC Köln. Dies lag am starken Abschneiden der Geißböcke mit zwei Meisterschaften und insgesamt 13 Endplatzierungen unter den Top Fünf in den ersten 17 Bundesliga-Spielzeiten. Erst im Verlauf der Saison 1980/81 zog der FC Bayern an den Kölnern vorbei – sofern man die heute gültige Drei-Punkte-Regel heranzieht. Legt man die Zwei-Punkte-Regel zu Grunde, blieb der 1. FC Köln sogar bis zur Saison 1983/84 am Platz an der Sonne.

Im Europacup war der Klub zwischen 1963 und 1993 gar der häufigste Teilnehmer aus Deutschland, ganze 23 Mal qualifizierte sich der FC in diesem Zeitraum für den Europapokal der Landesmeister (die heutige Champions League), den UEFA-Cup (Europa League) oder den 1999 eingestellten Europapokal der Pokalsieger. Bayern München war in diesem Korridor „nur" 22 Mal dabei, gewann allerdings vier internationale Trophäen.

Diese Kölner Erfolge bis in die frühen 1990er Jahre basierten auf der Ära Franz Kremer. Obwohl der visionäre Gründungspräsident bereits 1967 verstarb, zehrte sein Herzensverein noch lange nach seinem Tod von der für die damalige Zeit herausragenden Infrastruktur. Auch gelang es Kremer früher als anderen Vereinsbossen, die regionale Wirtschaft für den Fußball zu gewinnen. Nicht von ungefähr stemmte der 1. FC Köln auch den ersten Millionentransfer der Bundesliga.

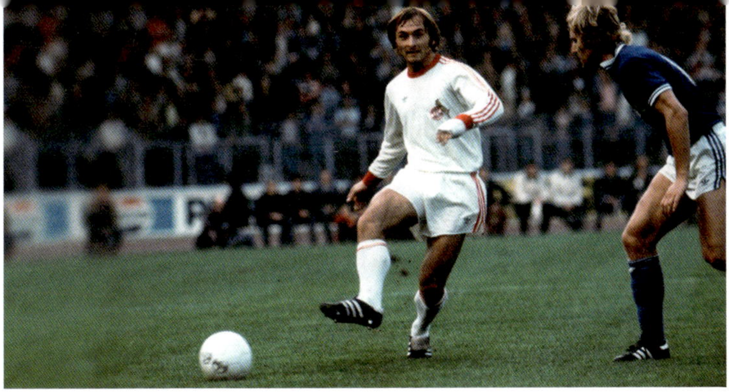

Für van Gool durchbrach der FC die Schallmauer.

Der erste Millionenmann

Hart ausgedrückt, ist die Moral im Fußball irgendwann gestorben. Für Weltklassespieler werden mittlerweile Ablösesummen von 100 Millionen Euro und mehr aufgerufen – und gezahlt. Nimmt man noch Handgeld, Beraterhonorare und das Spielergehalt hinzu, kann das Gesamtvolumen eines Megatransfers mittlerweile mehrere hundert Millionen Euro betragen.

Vergleichsweise in grauer Vorzeit gab es in der Bundesliga eine Art moralische Grenze von einer Million D-Mark. Eine solche Summe könne kein Fußballprofi wert sein, hieß es damals. Der erste Klub, der diese Schallmauer in Deutschland durchbrach, war der 1. FC Köln.

Roger van Gool, 26 Jahre alter Rechtsaußen des FC Brügge, war 1976 der Wunschspieler von Hennes Weisweiler. FC-Manager Karl-Heinz Thielen, der den Star-Trainer gerade erst vom FC Barcelona in die Heimat gelotst hatte, willigte nach „mehreren schlaflosen Nächten“ ein in den Millionendeal.

Zum Glück für alle Beteiligten erwies sich van Gool als absolute Verstärkung. Mit seinen Dribblings avancierte der Belgier zum Publikumsliebling und erzielte in vier Jahren im Trikot des 1. FC Köln 39 Tore. Mit van Gool gewann der Klub 1978 die Meisterschaft und zweimal den DFB-Pokal.

1980 verkaufte Köln ihn sogar noch mit Gewinn weiter, für 1,2 Millionen D-Mark ging van Gool nach Coventry.

Beinahe-Transfers

Bei Roger van Gool klappte es mit einem großen Transfer, doch längst nicht immer gingen die Wechselwünsche des 1. FC Köln in Erfüllung.

So wäre Uli Hoeneß, der heutige „Mister FC Bayern", 1970 fast in Köln gelandet. Der 18 Jahre alte Angreifer kam nach seinem Wechsel von Ulm nach München nicht wie gewünscht zum Zuge, ein Kölner Edelfan mit guten Kontakten erfuhr von Hoeneß' Unzufriedenheit und stellte die Verbindung zu FC-Präsident Oskar Maaß her. Auch Paul Breitner, ebenfalls 18 Jahre jung und wie Hoeneß nur Reservist, wurde umworben. Die Kölner Avancen drangen aber bis in die Bayern-Führungsetage vor, beide Spieler erhielten eine Gehaltserhöhung, blieben – und gewannen in den folgenden Jahren als Spieler des FC Bayern dreimal den Europapokal der Landesmeister sowie mit der Nationalmannschaft die EM und WM.

Auch „Kaiser" Franz Beckenbauer liebäugelte im Spätherbst seiner Weltkarriere mit einem Wechsel ans Geißbockheim. Der damalige Trainer Rinus Michels wünschte sich 1982 einen erfahrenen Abwehrchef. Wer verkörperte das mehr als Beckenbauer, 37, der die Position des Liberos gewissermaßen erfunden hatte? FC-Manager Hannes Löhr wurde aktiv und bearbeitete seinen früheren Nationalmannschaftskollegen, dessen Vertrag beim Hamburger SV gerade ausgelaufen war. Dann aber wollte Michels nicht mehr, Beckenbauer kehrte in die USA zu Cosmos New York zurück.

Der wohl am meisten bedauerte Nicht-Transfer des 1. FC Köln ist der von Andrej Schewtschenko. Der Ukrainer, der später im Trikot des AC Mailand eine Weltkarriere hinlegte, wurde 1997 am Geißbockheim angeboten – für die läppische Ablöse von 150.000 D-Mark. Der damalige Trainer Peter Neururer erklärte Jahre später, er hätte bereits alles in die Wege geleitet, Manager Carl-Heinz Rühl hätte aber abgewunken: „Du mit deinen Exoten." So blieb Schewtschenko noch zwei Jahre in Kiew und reifte zu einem Angreifer von Weltformat. 1999 holte ihn Milan schließlich für 47 Millionen D-Mark.

Fast schon legendär ist, wie der Wechsel von Eric Maxim Choupo-Moting nach Köln platzte. Der junge Angreifer kam in der Saison 2010/11 beim Hamburger SV kaum zum Einsatz, seine Leihe für die Rückrunde war beschlossene Sache. Doch die Uhr tickte: Die Transferunterlagen mussten am 31. Januar 2011 bis 18.00 Uhr bei der Deutschen Fußball Liga vorliegen. Um 17.49 Uhr faxte Choupo-Motings Vater Just den unterschriebenen Leihvertrag an den 1. FC Köln zum Weiterversenden – dort kam dieser aber erst um 18.03 Uhr an, weil Choupo-Motings Faxgerät streikte. Die DFL kannte keine Gnade. Mittlerweile ist der Ligaverband auf ein Online-Tool umgestiegen, in dem alle Dokumente hochgeladen werden.

Zum FC Bayern schafft er es, nach Köln nicht:
Eric Maxim Choupo-Moting

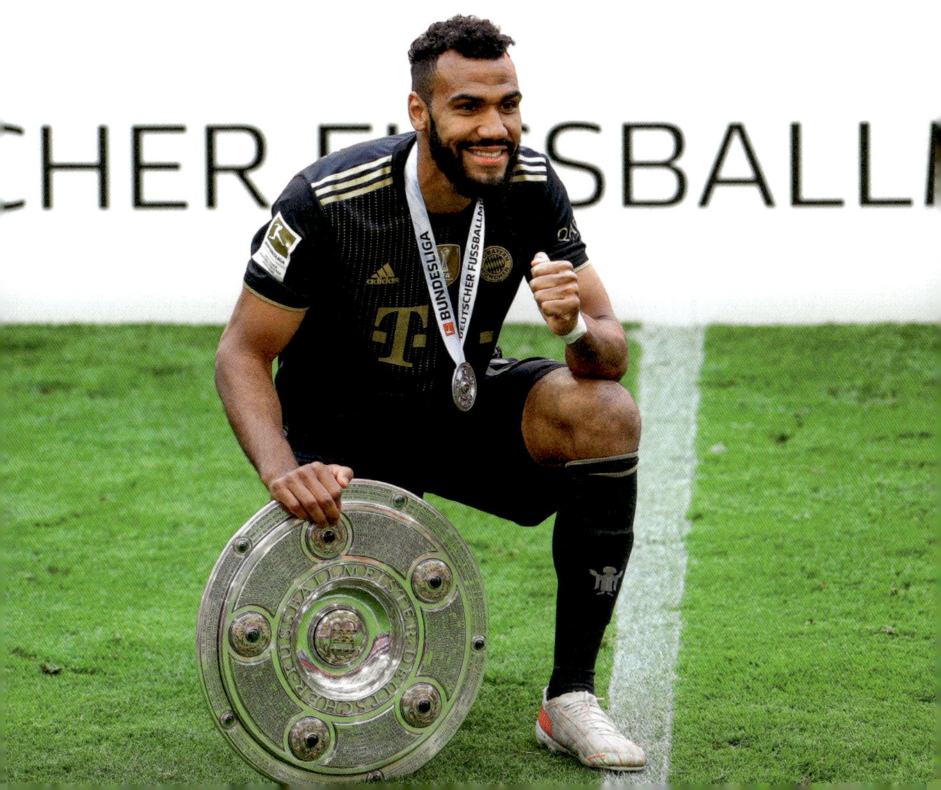

Die Spieler-WG

Uli Hoeneß setzte in den 1990er Jahren schon mal Detektive ein, um das Privatleben seiner Bayern-Stars unter die Lupe zu nehmen. Waren die Jungs rechtzeitig im Bett? Oder genossen sie das süße (Nacht-)Leben als Fußballstar? Letztlich musste auch Hoeneß einsehen: Es funktioniert nur auf Vertrauensbasis.

Franz Kremer hatte da ein viel subtileres Mittel zur Hand. In einem Klinkerhaus mit Garten in Hürth-Efferen, quasi in Steinwurfweite zum Geißbockheim, unterhielt der 1. FC Köln eine Zeit lang eine Art Spieler-Wohngemeinschaft, in der mehrere Profis lebten. Das Haus gehörte zunächst Kremer, später übernahm ein Vereinsgastronom die Leitung.

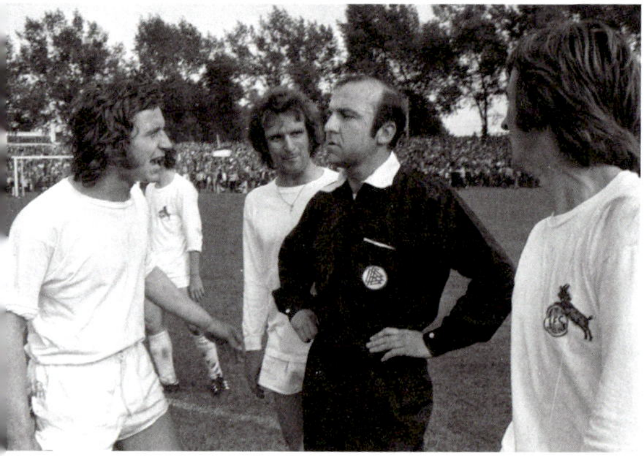

Unter anderem Flohe, Overath und Löhr (v.l.n.r.) lebten in der Spieler-WG.

Im „Haus Sonnenwinkel" lebten seinerzeit vorwiegend ledige Jungprofis, darunter auch spätere Vereinsikonen wie Wolfgang Overath, Torjäger Hannes Löhr oder Heinz Flohe, Spielmacher der Doublegewinner von 1978.

Insbesondere Overath sorgte für einige Überstunden bei der Deutschen Post. So kamen etliche Briefe und Autogrammanfragen an die Kölner Nummer zehn noch im „Haus Sonnenwinkel" an, als Overath längst ausgezogen war. Einen nicht unerheblichen Anteil daran hatte das Fachmagazin kicker, das – wie damals üblich – die Autogrammadressen der Spieler aufführte. Ende der 1960er Jahre schloss der 1. FC Köln seine Spieler-Herberge.

Rekrutierung in der Kaserne

166 Bundesliga-Tore erzielte Hannes Löhr zwischen 1964 und 1978 für den 1. FC Köln. Eine Zahl, die weder Dieter Müller noch Klaus Allofs, Pierre Littbarski, Toni Polster oder Lukas Podolski im Geißbock-Trikot erreichten.

Insofern muss man Heinz Neubauer zu seiner Chuzpe gratulieren. In dem Wissen, dass mehrere Vereine an dem Angreifer des Regionalligisten Sportfreunde Saarbrücken interessiert waren, begab sich der FC-Obmann Anfang 1964 auf „vermintes" Gebiet.

Neubauer besuchte Löhr, der gerade seinen Grundwehrdienst als Pionier absolvierte, in der Falckenstein-Kaserne in Koblenz und überzeugte den Stürmer vom Wechsel.

Nach leichten Anlaufschwierigkeiten war Löhr bald nicht mehr wegzudenken. In der Saison 1967/68 gelangen ihm 27 Treffer, womit er erster Bundesliga-Torschützenkönig des FC wurde.

Bemerkenswert an Hannes Löhr war auch seine Weitsicht. Mit 25 Jahren hatte er den Trainerschein in der Tasche. Parallel studierte „De Nas", wie Löhr wegen seines markanten Riechorgans genannt wurde, an der Deutschen Sporthochschule.

Für den FC war Löhr nach der aktiven Laufbahn als Co-Trainer und Manager sowie von 1983 bis Anfang 1986 als Cheftrainer tätig. Auch als Coach der deutschen Olympiamannschaft bzw. der U21 blieb er seinem FC verbunden. Löhr starb am 29. Februar 2016 mit 73 Jahren.

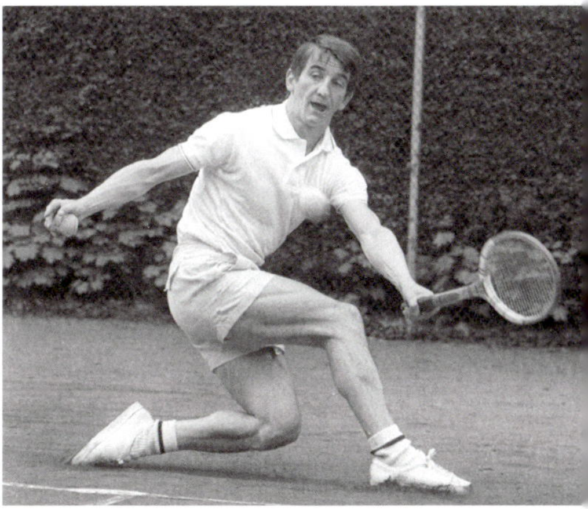

Hannes Löhr war ein Mann mit vielen Talenten.

1. FC Köln. Eine Zeitreise

1948–54

Am 13. Februar 1948 beschließen die Mitglieder der SpVgg Sülz 07 und des Kölner BC 01 die Fusion ihrer Vereine zum 1. FC Köln. Der neue Klub erreicht Platz eins in der Rheinbezirksliga, scheitert aber in den Spielen um den Oberliga-Aufstieg an Rhenania Würselen (0:0, 0:1).

Präsident Franz Kremer befördert darauf Hennes Weisweiler zum Spielertrainer. 1949 gelingt der Aufstieg in die Oberliga West, Tausende Fans pilgern zum entscheidenden Spiel nach Leverkusen.

Der FC findet sich in der Oberliga, damals die höchste deutsche Spielklasse, schnell zurecht. Erste Höhepunkte: 1954 Platz eins und Einzug ins DFB-Pokalfinale (0:1 n.V. gegen den VfB Stuttgart).

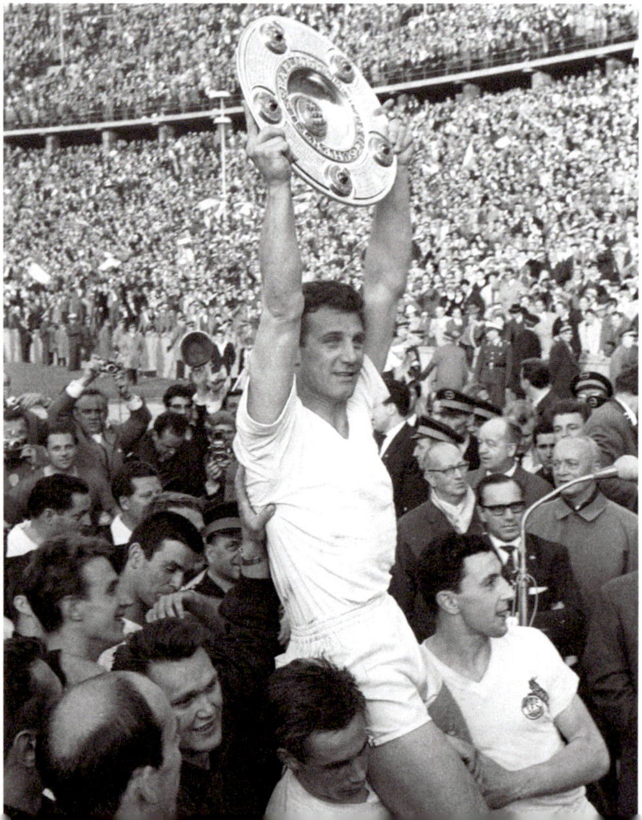

Hans Schäfer präsentiert 1962 die Meisterschale.

1954–64

Der FC mausert sich zur Nummer eins in NRW, gewinnt von 1960 bis 1963 die Westdeutsche Meisterschaft. 1960 erreicht Köln erstmals das Finale um die Deutsche Meisterschaft, unterliegt dem Hamburger SV mit 2:3. Zwei Jahre später der erste Triumph: 4:0 im Endspiel gegen Rekordmeister 1. FC Nürnberg.

Letztmals wird 1962/63 der Deutsche Meister in Oberligen mit anschließender Endrunde ausgespielt, der favorisierte FC unterliegt im Finale Borussia Dortmund 1:3.

Ab der Saison 1963/64 ist die Bundesliga die höchste deutsche Spielklasse. Der 1. FC Köln ist eines der 16 Gründungsmitglieder, liegt an 29 von 30 Spieltagen an der Tabellenspitze und holt sich souverän den Premierentitel.

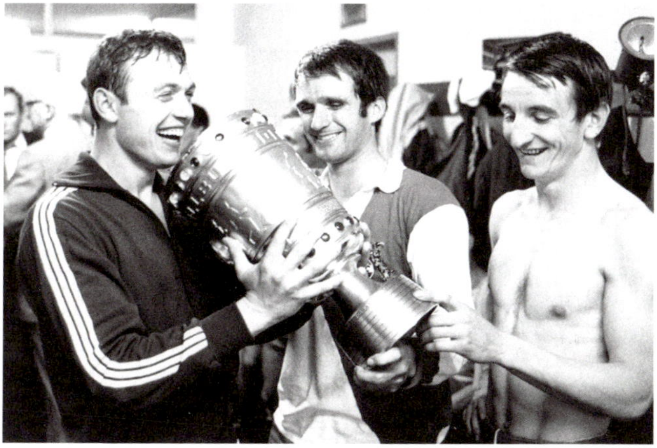

Carl-Heinz Rühl, Wolfgang Overath und Hannes Löhr feiern mit Pokal.

1964–69

Die Dominanz des 1. FC Köln ist nach nur einer Saison gebrochen, Werder Bremen schnappt den Geißböcken 1965 die Schale weg. Im Frühjahr 1965 scheidet die Mannschaft von Trainer Georg Knöpfle dramatisch per Münzentscheid aus dem Europapokal der Landesmeister aus.

Am 11. November 1967 stirbt Gründungspräsident Franz Kremer an einem Herzinfarkt, es ist eine gewaltige Zäsur für den Verein.

1968 gelingt der erste Erfolg im DFB-Pokal durch das 4:1 im Finale gegen den VfL Bochum, im Jahr darauf kämpft der FC erstmals gegen den Abstieg – und rettet sich erst am letzten Spieltag durch ein 3:0 gegen den 1. FC Nürnberg. Der Club aus Franken steigt dadurch als amtierender Deutscher Meister ab.

1969–78 Die Mannschaft um Wolfgang Overath fängt sich wieder, ist Dauergast im Europapokal, absolute Top-Platzierungen in der Liga bleiben aber lange aus. Auch im DFB-Pokal verliert der FC die Endspiele 1970, 1971 und 1973 – letzteres gegen den Erzrivalen Mönchengladbach. Das entscheidende Tor in einer

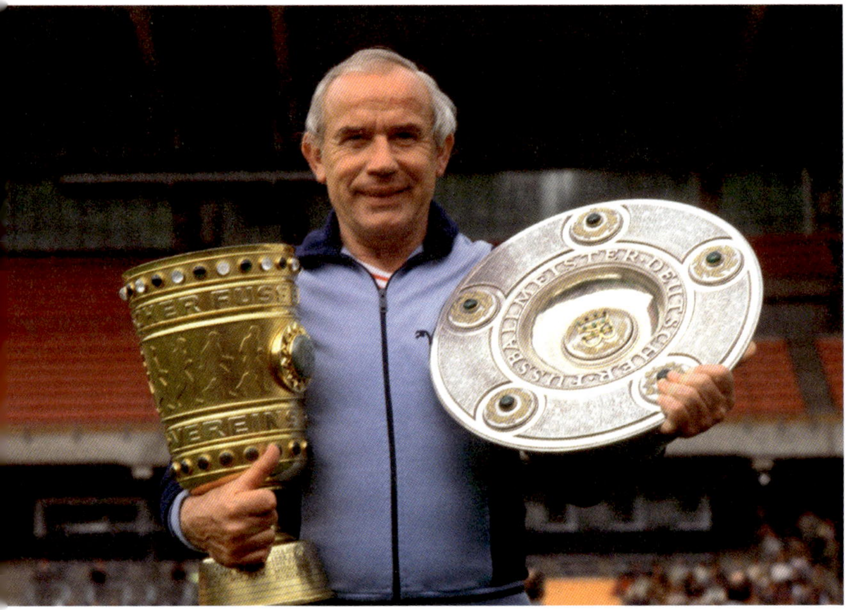

Hennes Weisweiler hat alle Hände voll zu tun.

berauschenden Partie erzielt Borussen-Spielmacher Günter Netzer als Joker.

Die Rückkehr von Hennes Weisweiler 1976 markiert den Beginn der erfolgreichsten Ära. Mit dem Knurrer auf der Trainerbank gewinnt der FC 1977 den DFB-Pokal sowie 1978 erneut den Pokal und auch die Meisterschaft – mit drei Toren Vorsprung auf Gladbach.

1978–83 ....

Der FC greift 1978/79 nach dem Gewinn des Europapokals der Landesmeister. Im Halbfinal-Hinspiel bei Nottingham Forest nimmt der Klub ein 3:3 mit und steht mit einem Bein im Endspiel. Dann das böse Erwachen: 0:1 im Rückspiel in Müngersdorf, der Traum platzt. Die Ära Weisweiler endet nach großen Erfolgen noch vor dem Ende der Saison 1979/80. Das DFB-Pokalfinale unter seinem Nachfolger Karl-Heinz Heddergott geht mit 1:2 gegen Fortuna Düsseldorf verloren.

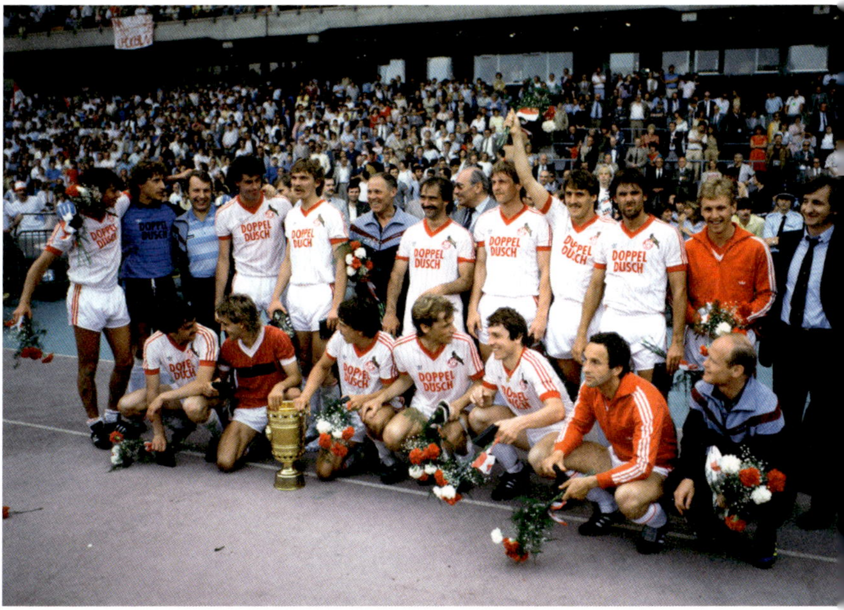

Pokalsieger im eigenen Stadion

1981/82 kämpft der FC unter Rinus Michels lange um seinen vierten Meistertitel, muss am Ende dem Hamburger SV den Vortritt lassen. Dafür holt die Mannschaft ein Jahr später gegen den kleinen Stadtrivalen Fortuna Köln (1:0) zum vierten Mal den Pokal. Es ist der letzte große Titel.

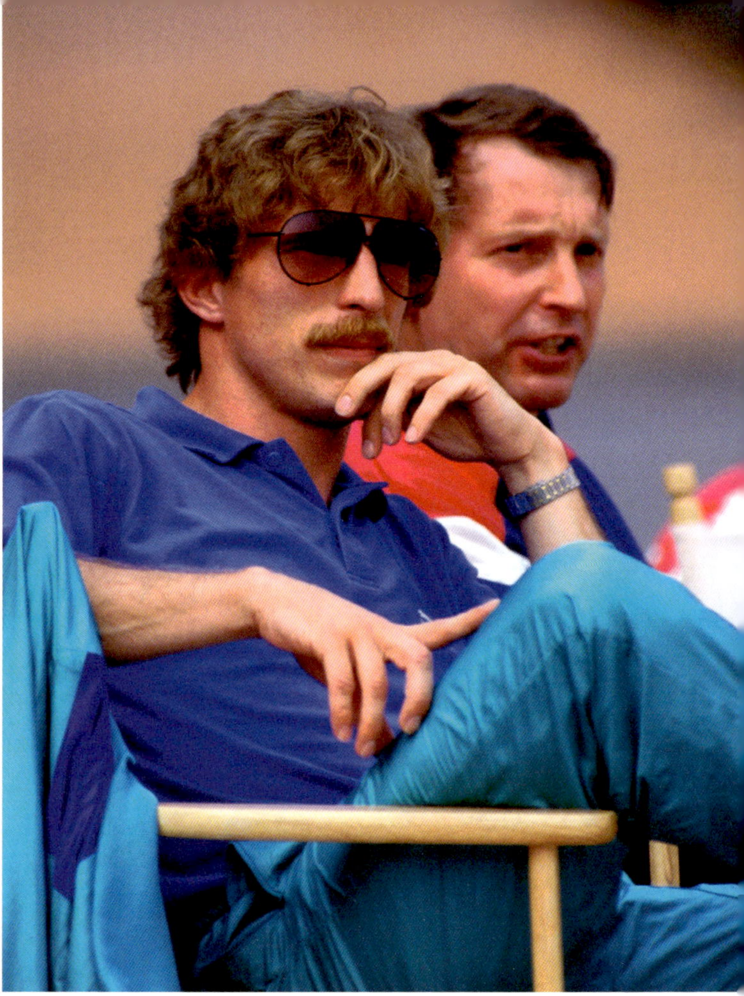

Mit Christoph Daum mischte der FC oben mit.

.... **1983–90**

1986 erreicht der FC erstmals das Endspiel eines Europapokal-Wettbewerbs. Nach dem 1:5 bei Real Madrid im Final-Hinspiel des UEFA-Cups ist praktisch alle Hoffnung dahin, das 2:0 im Rückspiel in Berlin reicht nicht. Dafür erlebt der FC in der Folge unter dem jungen Trainer Christoph Daum eine Renaissance, 1989 und 1990 liefert sich der Klub ein Duell um die Meisterschaft mit Bayern München – und wird jeweils zweiter Sieger. Während der WM 1990 wirft der FC seinen Erfolgstrainer raus.

Grenzenlos enttäuscht: Toni Polster nach dem feststehenden Abstieg 1998

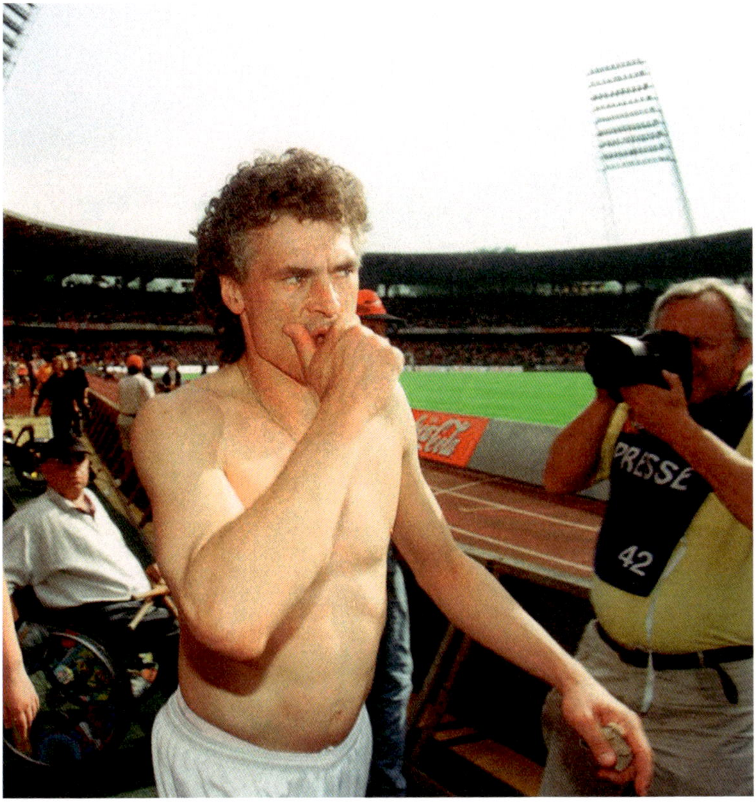

Nach der Trennung von Daum setzt der sportliche Niedergang ein. Zwar erreicht der 1. FC Köln 1991 noch einmal das DFB-Pokalfinale gegen Werder Bremen (4:5 n. E.) und wird 1992 Bundesligavierter, doch der Trend zeigt klar nach unten. Zudem sorgt der Tod von Sturm-Hoffnungsträger Maurice Banach bei einem Verkehrsunfall am 17. November 1991 für große Bestürzung. 1990–98

1996 rettet sich der FC erst am letzten Spieltag, 1998 ist es dann soweit: 50 Jahre nach der Fusion in

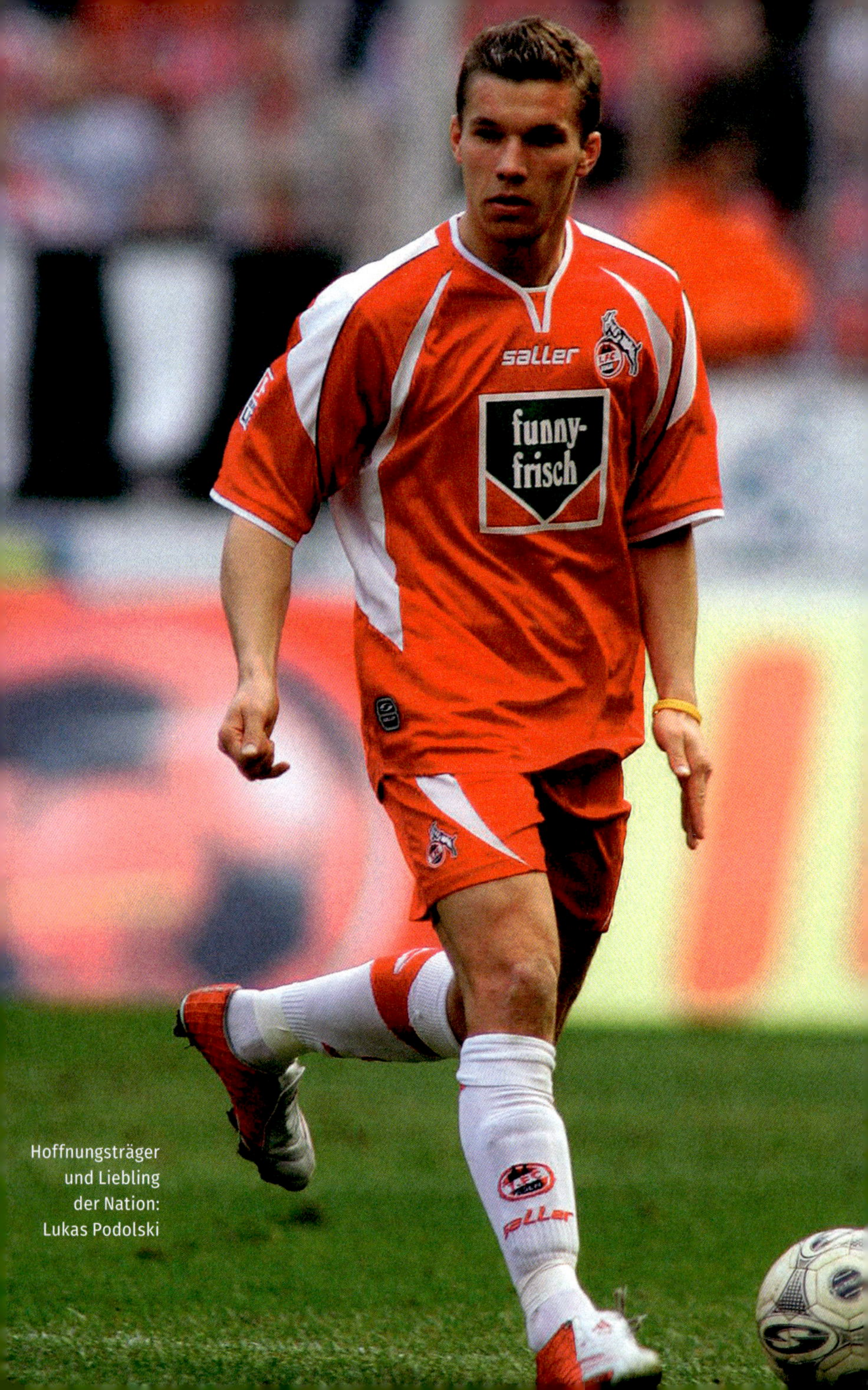

Hoffnungsträger und Liebling der Nation: Lukas Podolski

einer Kölner Eckkneipe steigt der erste Bundesligameister erstmals ab.

Das Projekt direkter Wiederaufstieg unter dem **1998–06** als Trainer zurückgekehrten früheren Spielmacher-Idol Bernd Schuster scheitert in der Saison 1998/99 grandios. Der FC wird Zehnter in der 2. Bundesliga, trennt sich von teuren Stars und kehrt 2000 unter Ewald Lienen mit einer jungen Mannschaft in die Erstklassigkeit zurück.

Nach einer guten Saison als Aufsteiger betritt der FC allerdings den Fahrstuhl: 2002 folgt Abstieg Nummer zwei, ein Jahr später geht es wieder hoch, 2004 wieder runter. Der junge Stürmer Lukas Podolski steht sinnbildlich für die Hoffnung auf eine bessere Zukunft, doch nach dem Aufstieg 2005 kann auch „Prinz Poldi" den vierten Abstieg binnen acht Jahren nicht verhindern. Der beste junge Spieler der WM 2006 geht zu Bayern München – vorerst.

Der FC will endlich wieder bessere Zeiten ein- **2006–12** läuten und bewegt Christoph Daum – sechs Jahre nach dessen Kokain-Enthüllung – 2006 zur Rückkehr auf die Kölner Trainerbank. Der Aufstieg 2008 gelingt Daum ebenso wie anschließend der Klassenerhalt. Auch holt der FC 2009 Podolski unter großem Beifall zurück. Doch Daum zieht die Ausstiegsklausel in seinem Vertrag, unter seinen Nachfolgern geht es weiter nur gegen den Abstieg. 2012 erlebt der FC nach einer desaströsen Saison seinen Tiefpunkt: Abstieg Nummer fünf wird begleitet von Rauchbomben auf der Südtribüne.

2012–21 Der FC ist im Sommer 2012 sportlich und wirtschaftlich am Boden, eine nahezu komplett neue Mannschaft wird aufgebaut. 2013 landet der Verein in Trainer Peter Stöger und Manager Jörg Schmadtke zwei absolute Glücksgriffe. 2014 geht es wieder nach oben, 2017 gelingt als Bundesliga-Fünfter die Europapokal-Rückkehr nach 25-jähriger Abstinenz. Doch 2017/18 spielt der FC eine desaströse

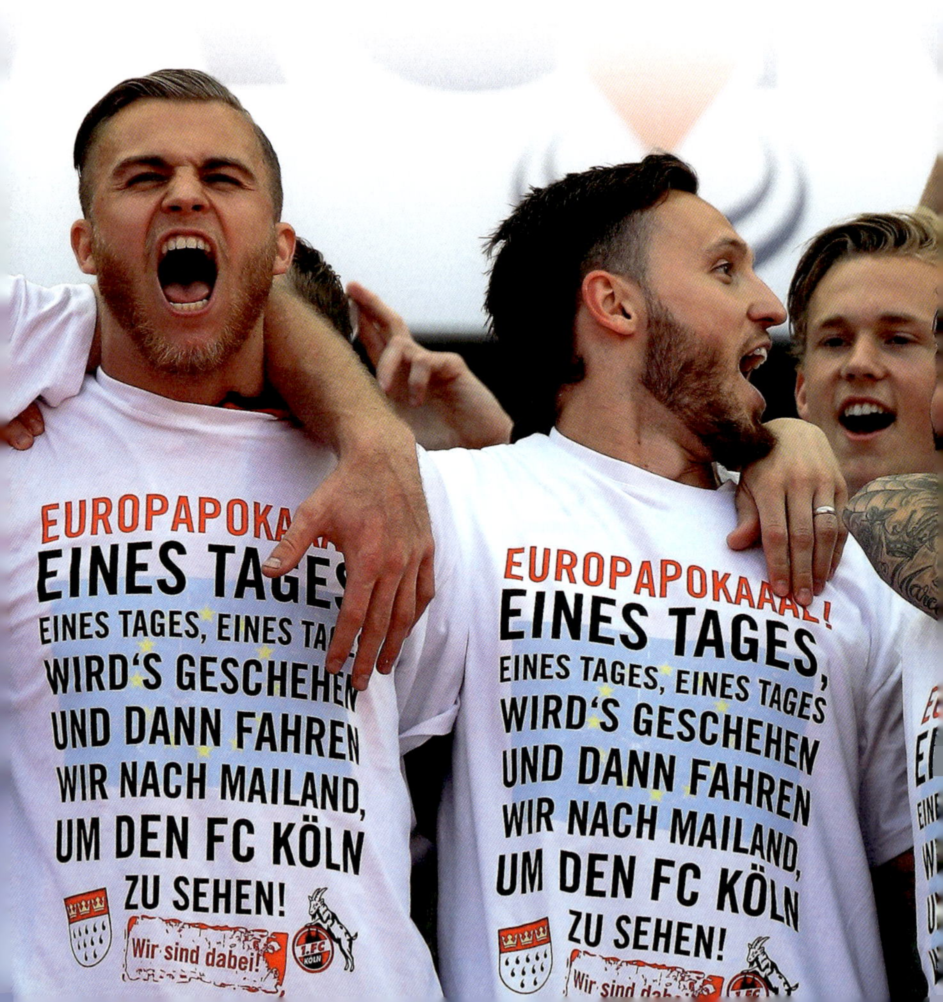

Hinrunde, Schmadtke schmeißt hin, Stöger wird entlassen. Es folgt der nächste Neuaufbau in Liga zwei, der Wiederaufstieg 2019 gelingt nach einer weiteren Trainerentlassung gegen Saisonende. Der Klassenerhalt 2020 inmitten der Corona-Pandemie wird zur Zitterpartie, ein Jahr später rettet sich der FC gar erst in der Relegation gegen Holstein Kiel.

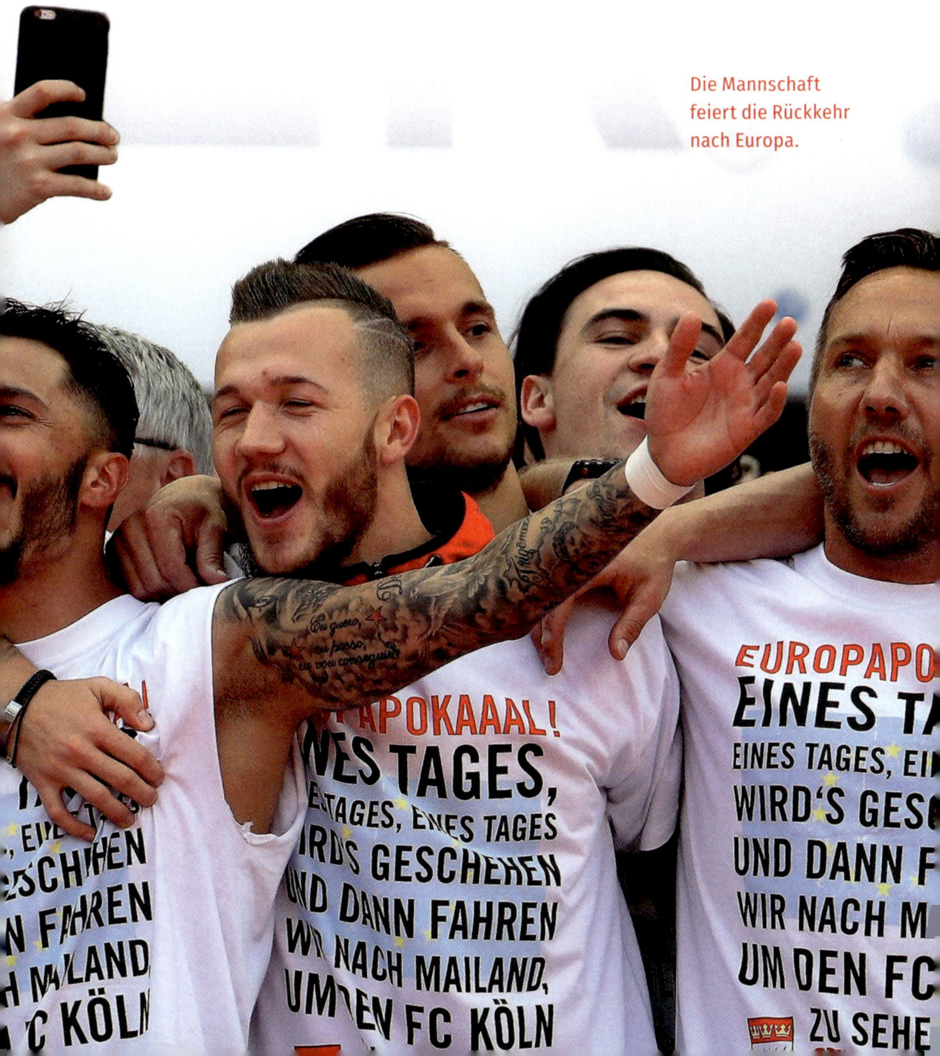

Die Mannschaft feiert die Rückkehr nach Europa.

Der ewige Rivale

Eigentlich ist Fortuna Düsseldorf wie geschaffen für die Rolle des Kölner Erzrivalen. Die Städte begegnen sich seit der Schlacht von Worringen 1288 in herzlicher Abneigung, auf Kölner Stadtgebiet weist kein Verkehrsschild in die gut 40 Kilometer rheinabwärts gelegene NRW-Landeshauptstadt, und im Eishockey ist das Duell Kölner Haie-Düsseldorfer EG das Derby schlechthin.

Im Fußball aber sind der FC und die Fortuna einander vergleichsweise egal. Dies liegt vor allem daran, dass Düsseldorf etwas spät dran war – obwohl der Verein bereits 1895 gegründet wurde und damit sogar älter ist als die FC-Vorläufer Klettenberg von 1901 und Sülz 07. Als der 1. FC Köln in den 1960er Jahren aber seine goldene Ära hatte, dümpelte die Fortuna in der Zweitklassigkeit herum. Auch Bayer Leverkusen, direkter Nachbar der Domstadt und seit mehr als einem Vierteljahrhundert dem FC sportlich voraus, spielte damals keine Rolle.

In diese Vakanz hinein platzte ein Verein aus der Provinz, der es bald nicht nur mit dem 1. FC Köln aufnahm. Hinzu kam bei Borussia Mönchengladbach noch die pikante Komponente, dass Trainer Hennes Weisweiler zuvor Spieler und Coach beim FC gewesen war.

Auf Kölner Seite lachte man zunächst über die „Buure“, die Bauern vom Niederrhein. Der FC hatte das schicke Geißbockheim, eine deutschlandweit gefürchtete und international bekannte Mannschaft. Doch die Borussia besaß eben einen außergewöhnlichen Trainer und in Günter Netzer, Berti Vogts oder Jupp Heynckes absolute Stars.

Nach nur drei Spielzeiten in der 1. Liga schloss Mönchengladbach 1968 erstmals eine Saison vor Köln ab, 1970 und 1971 wurde die junge Weisweiler-Mannschaft mit ihrem Offensivfußball gar Meister.

Danach ging es so richtig los mit der Rivalität. So verschwand im Herbst 1971 in der Nacht vor dem Derby der nagelneue Mannschaftsbus der Gladbacher – inklusive Spielkleidung. Nach dem Spiel, das der FC 4:3 gewann, tauchte das Vehikel in Frechen-Königsdorf wieder auf.

Im April 2008 entwendeten freche Kölner Anhänger die Fahne der „Ultras MG“ und zwangen die Gruppierung so zur Auflösung. Im Derby wenige Tage später wurde das gute Stück beim Stand von 0:1 aus FC-Sicht auf einmal auf der Südtribüne gehisst. Der Sicherheitsdienst hatte alle Hände voll zu tun, das Spiel wurde unterbrochen, nach Wiederanpfiff glich der FC durch Patrick Helmes noch aus.

Überhaupt gehörten Handgemenge, Platzstürme (wie im Derby 2015 in Mönchengladbach) oder Pyro-Aktionen immer wieder dazu. Für die Polizei ist nur das Duell Dortmund-Schalke noch brisanter.

Friedlich verlief übrigens das berühmteste Derby. DFB-Pokal-Finale 1973, Selbsteinwechslung Netzer, Tor. Mehr will man aus Kölner Sicht dazu gar nicht zu sagen.

Nicht immer ging es im Derby so harmonisch zu.

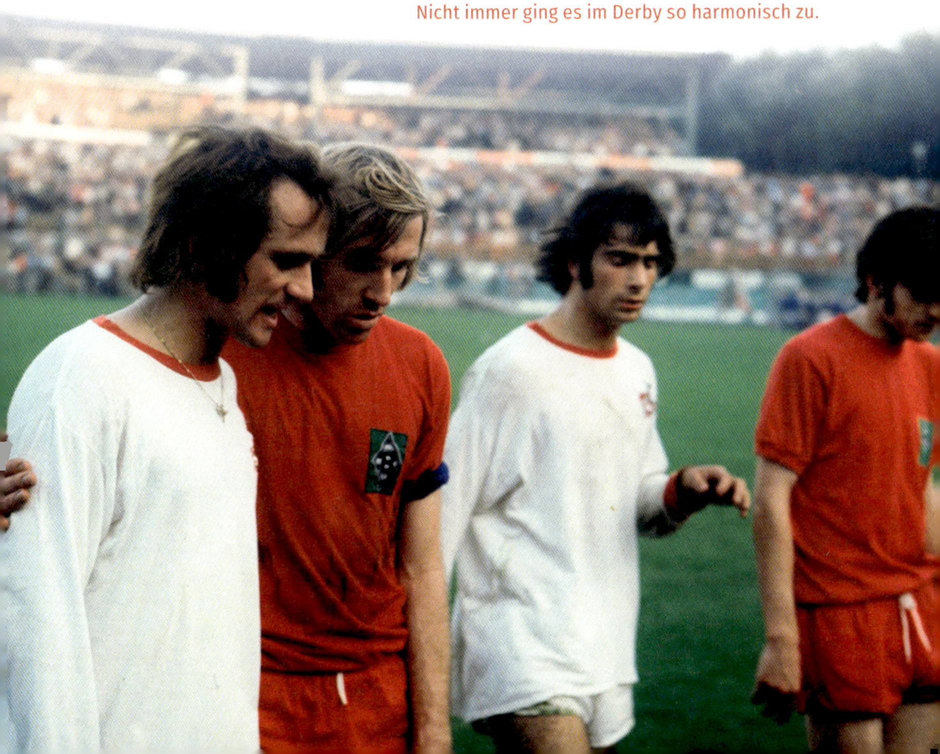

Warum die WM 1974 nicht in Köln stattfand

Am 6. Juli 1966 war die Freude groß in Deutschland: Kurz vor Beginn der Weltmeisterschaft in England wurde die Bundesrepublik zum WM-Gastgeber 1974 gekürt. Es erschien nur logisch, dass Köln – viertgrößte Stadt des Landes mit einem der erfolgreichsten Fußballklubs – einer der Spielorte sein würde.

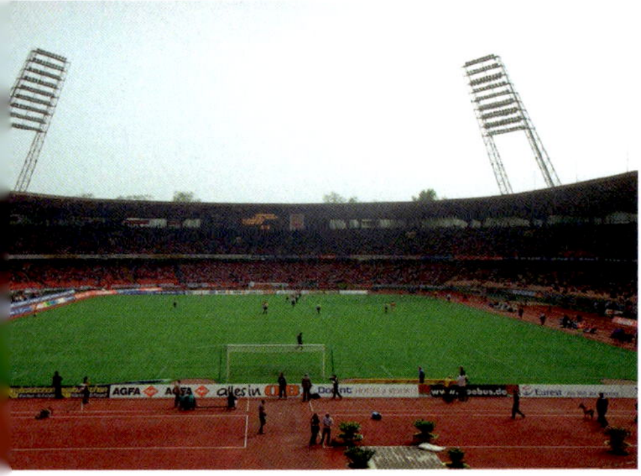

Das Stadion wurde erst 1975 fertiggestellt

Die Domstadt holte sich Architektenvorschläge ein, um das alte Müngersdorfer Stadion für dieses Weltereignis in Form zu bringen. Die Wahl fiel auf einen Entwurf, der Köln und dem FC das erste komplett überdachte Stadion Deutschlands brachte. Die veranschlagten Kosten für das Beton-Oval mit Tartanbahn und Leichtathletik-Anlagen explodierten allerdings. Als der Bau einer abgespeckten Variante für immer noch 61.000 Zuschauer und mit selbsttragendem Rundum-Dach beschlossen wurde, war die Zeit bis zur WM bereits zu knapp.

Das neue Stadion wurde erst am 12. November 1975 eingeweiht, mehr als 16 Monate nach dem WM-Finale 1974. Immerhin war Köln mit dieser Arena bei der EM 1988 dabei, das 2004 fertiggestellte Rheinenergie-Stadion wurde Spielort des Confed-Cup 2005, der WM 2006 und gehört auch zu den Arenen für die Europameisterschaft 2024.

Kleiner Trost für die Architekten und Bauherren des „zweiten" Stadions in Müngersdorf: Der Bau des Kölner Doms dauerte noch ein ganzes Stück länger: 632 Jahre.

Sixpack für die Ewigkeit

Gerd Müller und Robert Lewandowski halten fast jeden wichtigen Torrekord in der Fußball-Bundesliga. Dieter Müller hat diesem unaufhaltbaren Duo aber etwas voraus. Müller ist der einzige Spieler, der in einem einzigen Ligaspiel sechsmal in Schwarze traf.

Heute unvorstellbar: Beim 7:2-Erfolg des 1. FC Köln über Werder Bremen am 17. August 1977 – Müller traf viermal per Kopf und zweimal mit dem Fuß – war keine TV-Kamera im Müngersdorfer Stadion, nur 19.000 Zuschauer wurden Augenzeugen von Müllers Rekord. Historische Dokumente sind einige wenige Fotos.

„Ich war einfach besessen, Tore zu schießen. Wenn ich die Möglichkeit gehabt hätte, acht oder zehn Tore zu schießen, dann ich hätte ich das auch gemacht“, sagte Müller, der als Dieter Kaster geboren und später von einer Familie Müller adoptiert wurde, dem Magazin „11 Freunde“.

Am Ende der Saison 1977/78 hatte Müller 24 Tore auf dem Konto, neben seiner zweiten Torjägerkanone feierte er das Double aus Meisterschaft und DFB-Pokal. Eine große Nationalmannschaftskarriere war ihm aber nicht beschieden. Obwohl er bei seinem Debüt im EM-Halbfinale 1976 gegen Jugoslawien als Einwechselspieler dreimal traf, bestritt Müller nur zwölf Länderspiele (neun Tore). Nach der „Schmach von Cordoba“ bei der WM 1978 wurde er nicht mehr nominiert.

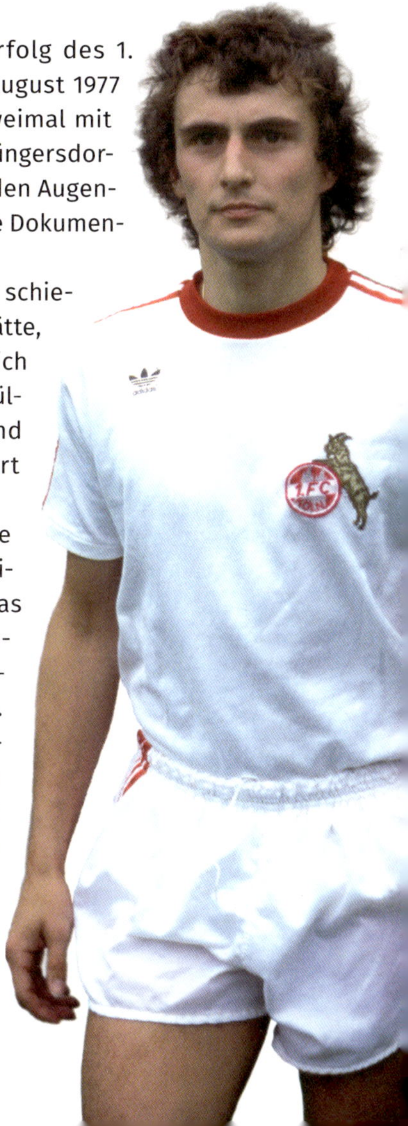

Dieter Müller erwischte den perfekten Abend.

Die Herzschlag-Meisterschaft

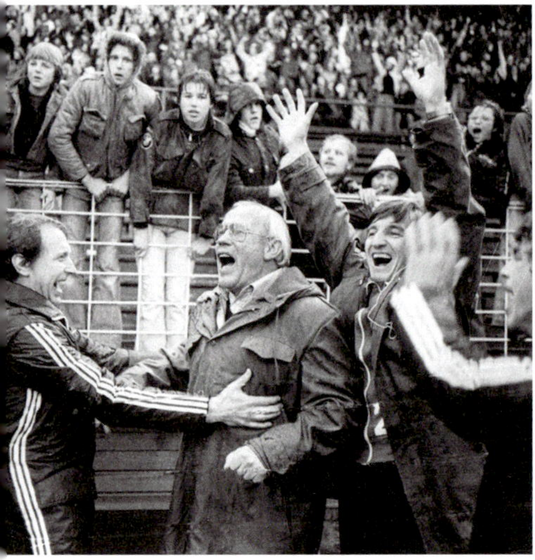

Nichts für schwache Nerven: Kölner Jubel im Hamburger Regen

Am Ende ihrer 15. Saison erlebte die Fußball-Bundesliga am 29. April 1978 ein Finale für die Geschichtsbücher. Unter dem langjährigen Mönchengladbacher Erfolgscoach Hennes Weisweiler ging der 1. FC Köln als Tabellenführer in den 34. Spieltag. Punktgleich mit der Borussia vom Niederrhein zwar, aber mit der um zehn Treffer besseren Tordifferenz.

Es ging für den FC zum bereits abgestiegenen Schlusslicht St. Pauli. Was sollte da also schiefgehen, ein knapper Sieg würde reichen – dachte man.

Köln führte zur Halbzeit durch das Tor von Heinz Flohe mit 1:0, hatte die Partie klar im Griff. Doch bei der FC-Delegation machte sich Unruhe breit. Gladbach mit dem späteren Kölner Sportdirektor Udo Lattek auf der Trainerbank führte gegen ein desolates Borussia Dortmund nach 45 Minuten mit 6:0. Der FC lag nur noch fünf Tore vorn.

Entsprechend peitschte Weisweiler seine verdutzten Spieler immer wieder nach vorn, selbst nach dem 2:0. „Glauben Sie jetzt an die deutsche Meisterschaft?“, fragte ein TV-Reporter Weisweiler beim Stand von 5:0 – im laufenden Spiel wohlgemerkt. „Noch immer nit“, bellte der Kölner Trainer ins Mikrofon. Am Ende aber reichte es. Gladbach gewann zwar 12:0 und erzielte den bis heute höchsten Sieg in mehr als 17.000 Bundesligaspielen, der FC hatte aber um drei Tore die Nase vorn.

Der „falsche“ Toni: Idol Schumacher

Der Mutter von Toni Schumacher gebührt im Namen des deutschen Fußballs großer Dank. Ihr Junge war zwölf Jahre alt und stürmte für Schwarz-Weiß Düren, da riet sie ihm, sich weniger zu verausgaben und ins Tor zu gehen. So wurde in der D-Jugend eines Provinzvereins der Grundstein für eine Weltkarriere gelegt. Denn Harald Anton Schumacher revolutionierte mit seinem Willen, seiner Physis und Abwürfen über das halbe Feld das Torwartspiel.

Vom Harald zum Toni wurde Schumacher übrigens, weil in der FC-Meistermannschaft von 1964 bereits ein Toni Schumacher im Tor gestanden hatte. Harald wurde der erfolgreichere der beiden, von 1972 bis 1987 gewann er dreimal den Pokal, einmal die Meisterschaft, wurde zweimal Fußballer des Jahres, 1980 Europameister.

Er war ein Superstar, auf dem Klingelschild seines Hauses in Hürth-Hermülheim stand: „Autogrammkarten nur noch montags von 13:30 bis 14 Uhr!“

Das Ende der Liebesehe zwischen dem Torhüter und den FC war heftig. Schumacher ging im Alter von 33 Jahren unter die Autoren. Sein 1987 erschienener Erstling „Anpfiff“ wurde eine provokante Abrechnung mit dem Profibusiness. Das Buch wurde in 24 Sprachen übersetzt, dafür war Schumacher beim 1. FC Köln und in der DFB-Elf Geschichte. Erst 2012 kehrte er für als Vizepräsident zu seinem FC zurück.

Toni Schumacher lebte für den Erfolg.

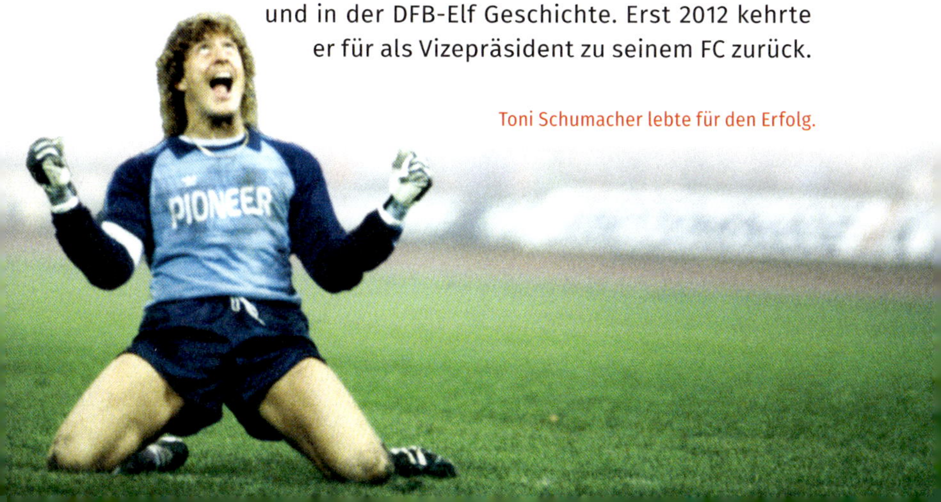

Ein Speerwerfer auf Abwegen

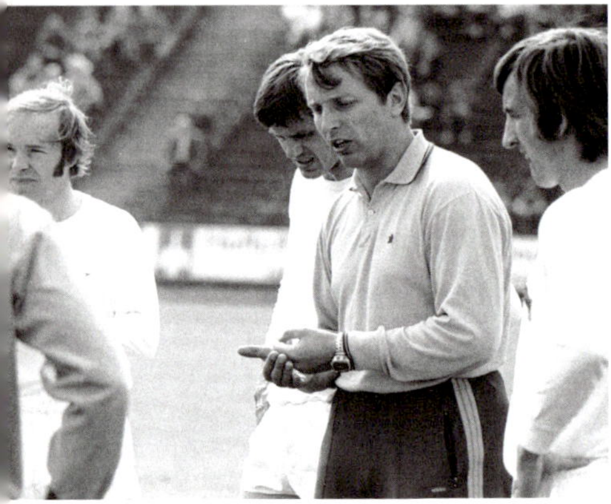

Prägender Quereinsteiger: Rolf Herings

Im Profifußball wird oft kritisch beäugt, wer nicht den berühmten „Stallgeruch“ oder die Verdienste von 50 A-Länderspielen mitbringt. Rolf Herings ließ sich von derartigen Äußerlichkeiten nie beeindrucken. Im Alter von 33 Jahren kam der frühere Leichtathlet zum 1. FC Köln, zweimaliger deutscher Meister im Speerwerfen war er da, deutscher Rekordhalter, 1964 belegte er bei den Olympischen Spielen in Tokio den siebten Platz, mit nur 26 Jahren übernahm er 1966 den Posten des Speerwurf-Bundestrainers bei den Frauen.

1969 schließlich wurde Herings zunächst als Assistenzcoach mit dem Schwerpunkt Konditions- und Athletiktraining beim FC angestellt. Vier Jahre später wurde er befördert zum wohl ersten Spezialtrainer für Torhüter im deutschen Fußball.

Die Keeper wurden durch ihn gezielt gefördert, bekamen nicht mehr nur Bälle aufs Tor, sondern arbeiteten auch verstärkt an Kraft, Beweglichkeit, Reaktionsschnelligkeit und mentaler Stärke. Herings formte Toni Schumacher ebenso zum Nationaltorhüter wie später Bodo Illgner, auch Gerald Ehrmann ging durch seine Hände.

1972 und 1980 sprang der Leichtathlet sogar als Interimstrainer ein, insgesamt 40 Jahre (bis 2009) gehörte Rolf Herings zum Kölner Trainerstab. Anschließend wechselte er in den Nachwuchsbereich. 2017 starb er im Alter von 77 Jahren.

Ein Engel in Müngersdorf

Bernd Schuster wollte offenbar ganz auf Nummer sicher gehen. Der blonde Mittelfeldspieler war ein Riesentalent, das wusste man nicht nur in seiner Heimatstadt Augsburg. Also buhlten im Frühjahr 1978 neben dem FC Augsburg auch der 1. FC Köln und Borussia Mönchengladbach, die gerade die deutsche Meisterschaft unter sich ausmachten, um den 18-Jährigen.

Und Schuster entschied sich: für alle. Ja, tatsächlich unterschrieb der Junioren-Nationalspieler bei jedem der drei Vereine einen Profivertrag ab dem 1. Juli 1978. Erst beim FC, dann beim FCA, schließlich in Gladbach – weil die Entlohnung von Angebot zu Angebot besser wurde.

Vor Gericht bekam der 1. FC Köln Recht, musste allerdings 125.000 D-Mark nach Augsburg überweisen, Gladbach bekam weder Geld noch den Spieler. Der legte in Köln eine steile Karriere hin, wurde mit 19 Nationalspieler, mit 20 Europameister.

Der „blonde Engel“ entschwand danach in andere Sphären: Der FC Barcelona holte ihn für im Oktober 1980 für damals astronomische 3,8 Millionen Mark. Immer wieder träumte man danach in Köln von der Rückkehr des Ballstreichlers, der zentimetergenaue 50-Meter-Pässe in petto hatte. Der Wunsch sollte sich mit Verspätung erfüllen: 1998 kam Schuster als Cheftrainer ans Geißbockheim – und ging nach einem einjährigen Missverständnis.

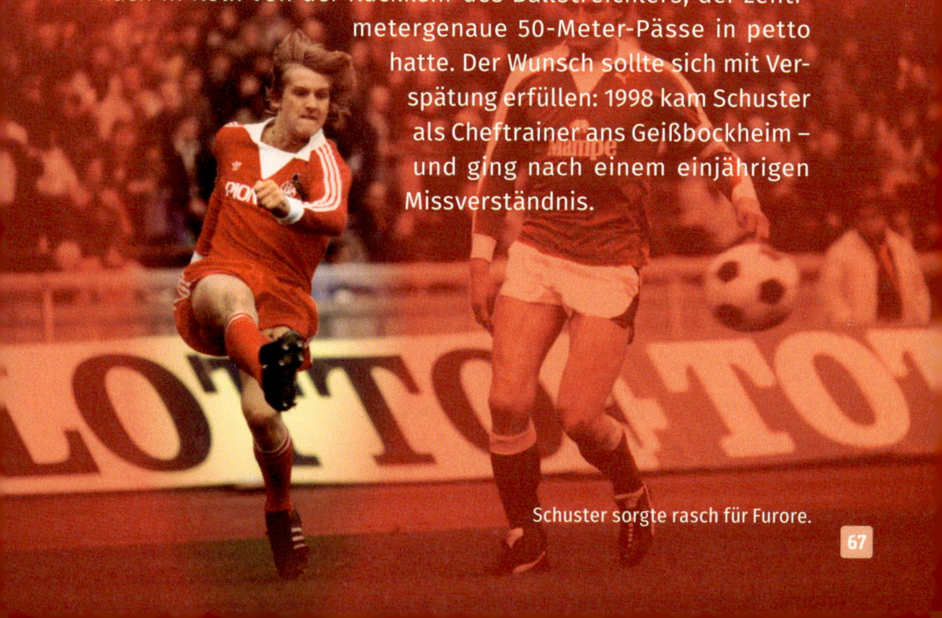

Schuster sorgte rasch für Furore.

Echte Liebe: Pierre Littbarski und der FC

Deutlich länger als Bernd Schuster blieb ein Spieler beim 1. FC Köln, der ebenfalls 1978 verpflichtet wurde. Pierre Littbarski, ein schmächtiger Dribbelkünstler mit markanten O-Beinen, war mit 14 Jahren im Probetraining bei Hertha BSC durchgefallen, ehe er beim Berliner Stadtteilklub Hertha Zehlendorf in der A-Jugend auf sich aufmerksam machte und für schmale 25.000 D-Mark zum Doublegewinner an den Rhein wechselte.

Die Kölner Trainer schätzten Littbarskis Unberechenbarkeit, die Fans liebten seine frechen Aktionen auf und neben dem Platz. Bei der WM 1982 avancierte „Litti" mit zwei Toren und fünf Vorlagen zur positiven Überraschung – nicht nur im deutschen Team, das trotz durchwachsener Leistungen das Finale erreichte. Littbarskis perfekter Abschluss im DFB-Trikot folgte noch, acht Jahre später feierte er in seinem 73. und letzten Länderspiel den WM-Triumph in Rom.

Für seinen FC machte sich Littbarski 1983 mit dem 1:0-Siegtor im DFB-Pokalfinale gegen Fortuna Köln unsterblich. 1985 erzielte er gegen Werder Bremen das „Tor des Jahres" – wenn man so will ein typischer Littbarski-Treffer: Im Dribbling tanzte er den ersten Gegenspieler locker aus, Werder-Torhüter Dieter Burdenski pariere seinen Schuss zunächst. Littbarski fiel hin, stand schnell wieder auf und stocherte den Ball gegen vier Bremer aus spitzem Winkel irgendwie ins Netz. Der Schütze selbst fand übrigens gerade dieses Tor „besonders hässlich".

504 Pflichtspiele bestritt Littbarski für den 1. FC Köln, damit belegt er Rang fünf im ewigen Ranking. Es hätten noch mehr sein können, wäre „Litti" 1986 nicht dem lukrativen Angebot von Racing Paris erlegen.

Dort wurde der Kölner Liebling nicht glücklich – eine Analogie zu Lukas Podolski nach dessen Transfer zum FC Bayern 20 Jahre

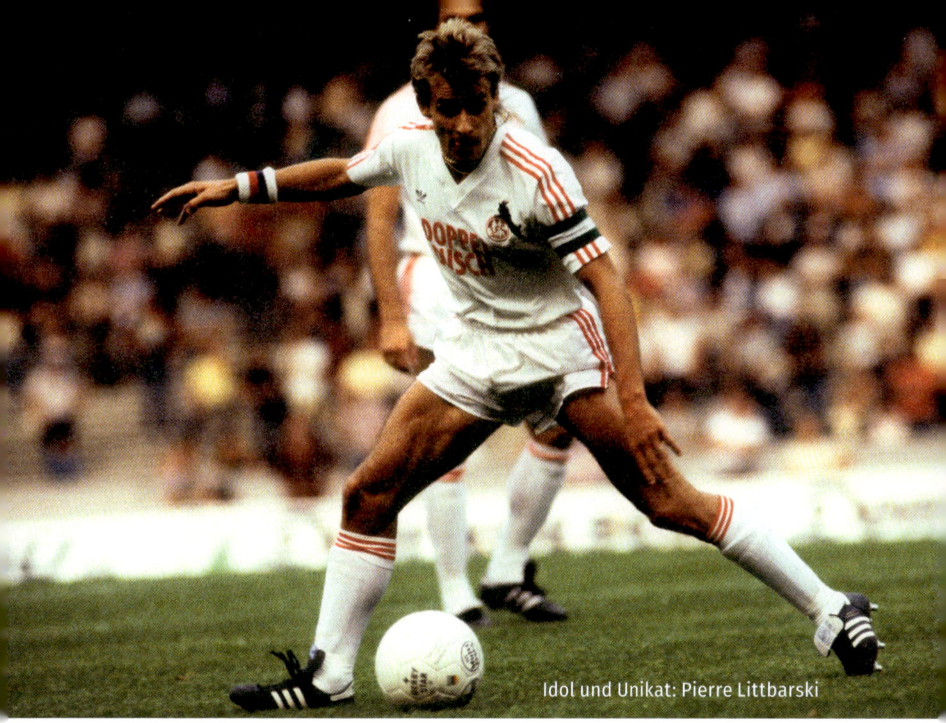

Idol und Unikat: Pierre Littbarski

später. Schnell wurde eine Rückkehr in die Domstadt zum Thema. Das Problem: Racing hatte 2,8 Millionen D-Mark Ablöse bezahlt und forderte 3,4 Millionen für den Verkauf. Der FC ging an seine finanzielle Schmerzgrenze. Möglich wurde Littbarskis Rückkehr aber erst, weil der Spieler 500.000 D-Mark aus eigener Tasche in einem zinslosen Darlehen beisteuerte.

Am Flughafen Köln-Bonn wurde der ewige Spaßvogel 1987 wie ein Staatsgast empfangen. Präsident Dietmar Artzinger-Bolten holte seinen Star persönlich am Gate ab und kutschierte ihn zur Freude der anwesenden Medienvertreter im Gepäckwagen durch die Halle.

Littbarski wurde mit Köln noch zweimal Vizemeister und unterlag 1991 im DFB-Pokalfinale gegen Werder Bremen – wobei er selbst im Elfmeterschießen entscheidend patzte. 1993 verließ der Mann, der in Hochphasen 400 Armbanduhren sein Eigen nannte, den FC mit einem lachenden und weinenden Auge nach Japan.

Zahlenspiele

Höchste Siege

in der 1. Bundesliga:
8:0 (H) gegen Schalke 04 am 8. November 1969
8:0 (H) gegen Eintracht Braunschweig am 8. September 1979
in der 2. Bundesliga:
8:1 (H) gegen Wacker Burghausen am 28. Januar 2005
8:1 (H) gegen Dynamo Dresden am 10. November 2018
im DFB-Pokal:
10:0 (H) gegen Altona 93 am 30. September 1979 (2. Runde)
im Europapokal:
13:0 (H) gegen Union Luxemburg am 5. Oktober 1965 (Messepokal, 1. Runde Rückspiel)

Höchste Niederlagen

in der 1. Bundesliga
0:7 (A) gegen Bayern München am 15. Mai 1971
in der 2. Bundesliga
0:5 (A) gegen Rot-Weiss Essen am 18. Februar 2007
im DFB-Pokal
0:8 (A) gegen Bayern München am 4. Februar 2003 (Viertelfinale)
im Europapokal
1:8 (A) gegen Dundee FC am 5. September 1962 (Landesmeistercup, 1. Runde Hinspiel)

Entwicklung des Zuschauerschnitts

erste Bundesliga-Saison: durchschnittlich 34.973 Zuschauer (1963/64; Meister)
Tiefpunkt: durchschnittlich 12.941 Zuschauer (1972/73; Vizemeister)
Double-Saison: durchschnittlich 35.059 Zuschauer (1977/78)
Höhepunkt: durchschnittlich 49.571 Zuschauer (2016/17; Platz fünf)

Zweitliga-Bestwert: durchschnittlich 49.547 Zuschauer (2018/19; Zweitliga-Meister)

Entwicklung der Dauerkarten-Verkäufe

erste Saison: 1948/49, 50 Dauerkarten
erstmals über 1000 Dauerkarten: Saison 1962/63, 1024 Dauerkarten
erstmals über 5000 Dauerkarten: Saison 1993/94, 5000 Dauerkarten
erstmals über 10.000 Dauerkarten: Saison 2000/01, 15.200 Dauerkarten

seit der Saison 2008/09 ist das Dauerkartenkontingent vom Verein wegen der großen Nachfrage auf 25.500 Tickets limitiert*

*während der Corona-Pandemie waren die Dauerkarten ausgesetzt

Torschützenkönige in der 1. Bundesliga

1967/68 **Hannes Löhr 27 Tore**
1976/77 **Dieter Müller 34 Tore**
1977/78 **Dieter Müller 24 Tore**
1984/85 **Klaus Allofs 26 Tore**
1988/89 **Thomas Allofs 17 Tore**

Die Bundesliga-Auf- und Abstiege des 1. FC Köln

1997/98 Abstieg in die 2. Bundesliga (Tabellenplatz 17, 36 Punkte)
1999/00 Aufstieg in die 1. Bundesliga (Tabellenplatz 1, 65 Punkte)
2001/02 Abstieg in die 2. Bundesliga (Tabellenplatz 17, 29 Punkte)
2002/03 Aufstieg in die 1. Bundesliga (Tabellenplatz 2, 65 Punkte)
2003/04 Abstieg in die 2. Bundesliga (Tabellenplatz 18, 23 Punkte)
2004/05 Aufstieg in die 1. Bundesliga (Tabellenplatz 1, 67 Punkte)
2005/06 Abstieg in die 2. Bundesliga (Tabellenplatz 17, 30 Punkte)
2007/08 Aufstieg in die 1. Bundesliga (Tabellenplatz 3, 60 Punkte)
2011/12 Abstieg in die 2. Bundesliga (Tabellenplatz 17, 30 Punkte)
2013/14 Aufstieg in die 1. Bundesliga (Tabellenplatz 1, 68 Punkte)
2017/18 Abstieg in die 2. Bundesliga (Tabellenplatz 18, 22 Punkte)
2018/19 Aufstieg in die 1. Bundesliga (Tabellenplatz 1, 63 Punkte)

Pokalfinale als Stadtmeisterschaft

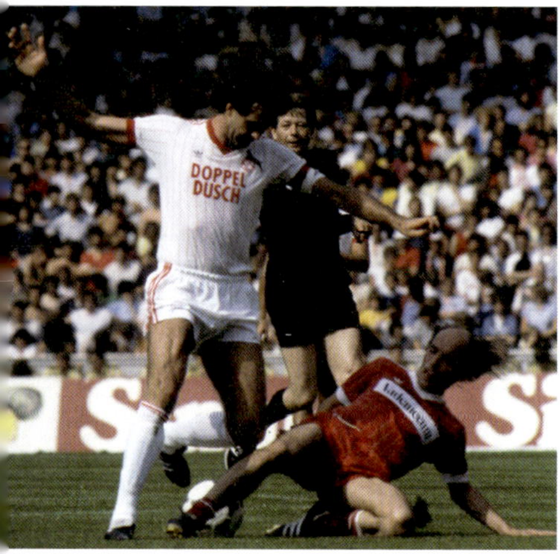

Das kölsche Finale war kein Ruhmesblatt für den FC.

Ein DFB-Pokalfinale zuhause – für die Profimannschaft von Hertha BSC ist das seit 1985, seit das Endspiel alljährlich im Olympiastadion stattfindet, ein unerfüllter Traum. Dem 1. FC Köln ist dieses Kunststück bereits gelungen. Und nicht nur das: Gegner der Geißböcke am 11. Juni 1983 im ausverkauften Müngersdorfer Stadion war auch noch Fortuna Köln. Zwei Klubs aus einer Stadt im Pokalfinale hat es davor und seither nicht gegeben.

Noch eine Einzigartigkeit: Auch auf dem Weg ins Endspiel bestritt der FC ausschließlich Heimspiele. In der Saison 1982/83 waren die Pokalregularien andere als heute, Vereine unterhalb der 2. Bundesliga hatten nicht automatisch Heimrecht.

Beim FC stellte man sich auf den Endspielgegner Borussia Dortmund ein, doch der damalige Zweitligist Fortuna fertigte im zweiten Halbfinale den favorisierten BVB mit 5:0 ab.

Der kleinere Kölner Klub, der kaum Zuschauer in sein winziges Südstadion lockte und sich letztlich nur dank seines kauzigen Gönners Jean Löring im Profifußball halten konnte, machte es auch dem FC enorm schwer.

Der Favorit spielte behäbig und ideenlos, Toni Schumacher musste die Geißböcke das eine oder andere Mal retten. Pierre Littbarski gelang per Abstauber in der 68. Minute schließlich das entscheidende Tor. Die Fans aber feierten den mutigen Underdog.

Sternstunde im Camp Nou

Das größte Spiel des 1. FC Köln war kein gewonnenes Europapokalfinale, aber immerhin: Ein 4:0 beim FC Barcelona haben nicht viele Klubs vorzuweisen.

Dabei waren die Vorzeichen vor dem Anstoß im Camp Nou am 5. November 1980 keineswegs rosig. Der FC hatte das Hinspiel der zweiten Runde des UEFA-Pokals in Müngersdorf mit 0:1 verloren, und dann war da diese Schreckensbilanz: Noch nie hatte eine deutsche Mannschaft ein Pflichtspiel beim großen FC Barcelona gewonnen.

Das schnelle Wiedersehen der Kölner mit Bernd Schuster nur gut drei Wochen nach seinem Wechsel sollte allerdings denkwürdig werden. Es war das 100. Europapokalspiel des FC, der trotz Dauerregens und nur 35.000 Zuschauern im spärlich gefüllten Camp Nou wie aufgedreht spielte.

Gerd Strack (41.), Stephan Engels (46.), Pierre Littbarski (63.) und Dieter Müller (70.) erzielten die Tore zum 4:0 der Kölner, deren Trainer Rinus Michels einst auf der Barca-Bank gesessen hatte.

Die Wut bei den Heim-Fans war enorm, Feuerzeuge sowie Flaschen und Sitzschalen flogen auf den Rasen. Barcelona-Trainer Ladislav Kubala wurde nach dieser Demütigung gefeuert.

Köln warf im weiteren Verlauf den VfB Stuttgart und Standard Lüttich aus dem Wettbewerb, scheiterte aber im Halbfinale an Ipswich Town. Vergoldet wurde die Gala von Barcelona also nicht.

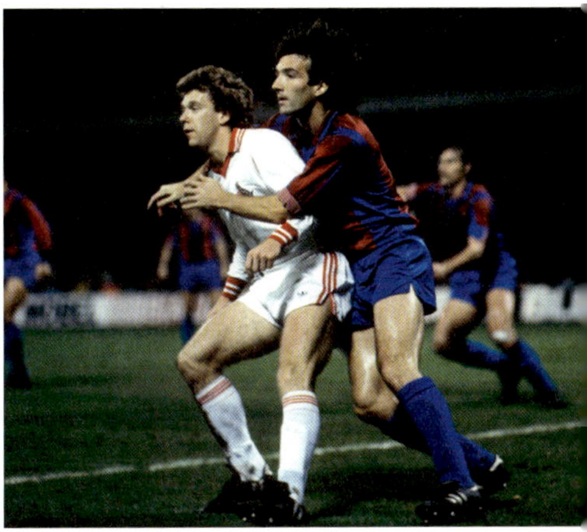

Tony Woodcook und der FC entzauberten die Katalanen.

Titelhamster

Drei deutsche Meisterschaften, vier Pokalsiege. Das war's? Nicht ganz, denn neben diesen großen Titeln hat sich der 1. FC Köln noch weitere Trophäen gesichert.

Da ist zum einen die „Felge" für den Meister der 2. Bundesliga. De facto hielten FC-Mannschaften diese Schale zweimal in Händen, nach den Aufstiegen 2014 und 2019. Insgesamt wurde der 1. FC Köln aber viermal Meister der 2. Liga, nur gab es 2000 und 2005 die „Felge" noch nicht.

1978 und 1981 sicherte sich der Klub den Sieg beim Torneig Joan Gamper, dem traditionsreichen Einladungsturnier des FC Barcelona. Bis 1996 nahmen vier Mannschaften jeweils vor Saisonbeginn teil, seither lädt Barca nur einen Gast ein. Mehr Titel als Köln gewann allein der Gastgeber – der ja in jedem Jahr dabei ist.

Bereits seit 1962 wird der Uhrencup in Grenchen im Schweizer Kanton Solothurn ausgetragen. Der 1. FC Köln nahm zweimal an dem Viererturnier teil, gewann 1991 auf Anhieb und wurde 2006 Dritter.

Als der Spielplan noch nicht so aufgebläht und die Winterpause länger war, erfreute sich Deutschland im Januar am Hallenfußball. In einer ganzen Serie von Turnieren konnten sich die Klubs für das Finalturnier qualifizieren (von 1988 bis 2001). Der 1. FC Köln, in der Liga damals in höchster Abstiegsgefahr, gewann den Titel beim DFB-Hallen-Masters 1993.

Klaus und Klaus: Fischer und Allofs mit der Trofeu Joan Gamper

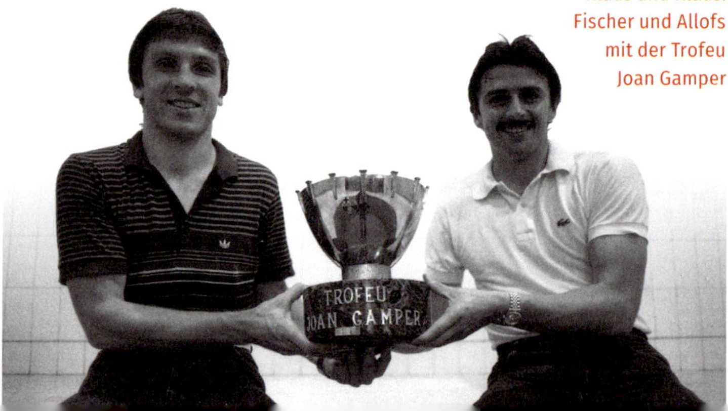

Heimspiel in Berlin

Die Saison 1985/86 war für den 1. FC Köln ein Wechselbad der Gefühle. In der Bundesliga folgte einer durchwachsenen Hin- eine schwache Rückrunde, der Klassenerhalt wurde erst am letzten Spieltag gesichert. Dafür zog der FC im UEFA-Cup erstmals in ein Europapokal-Finale ein.

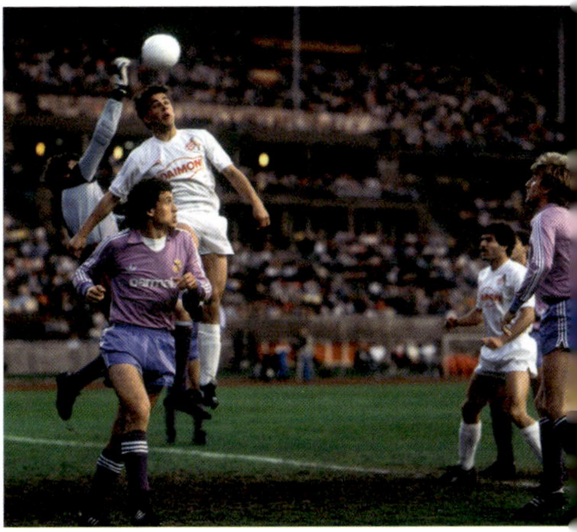

Köln mit Ralf Geilenkirchen versuchte im Rückspiel alles.

Das Halbfinal-Rückspiel beim belgischen Vertreter KSV Waregem war allerdings von Ausschreitungen geprägt, die UEFA belegte den FC mit einer Platzsperre für das Final-Rückspiel. Köln entgingen so Millionen an Zuschauereinnahmen und der Heimvorteil.

Der FC wählte Berlin als Spielort, in der Hoffnung, dass die Lokalmatadoren Pierre Littbarski und Thomas Häßler ein paar Fans ins Olympiastadion locken würden. Außerdem verteilte die Kölner Delegation auf dem Kurfürstendamm rote und weiße Rosen. Es nutzte wenig: Nur etwas mehr als 16.000 Menschen verloren sich im weiten Oval.

Köln gewann das Rückspiel am 6. Mai 1986 zwar mit 2:0, doch die Hypothek der 1:5-Niederlage aus dem Hinspiel im Estadio Santiago Bernabeu war zu groß. Nach dem Führungstor durch Klaus Allofs (28.) hielt der FC in Madrid bis zur 85. Minute ein 1:3 und damit ein Ergebnis, das Chancen offengehalten hätte. Dann aber schlugen die Königlichen durch Jorge Valdano und Carlos Santillana noch zweimal zu. Näher war der FC einem internationalen Titel nie mehr.

Notlösung als Königslösung

Bei der Enttäuschung von Berlin saß auf der Bank ein junger Co-Trainer, der im September 1986 seine große Chance erhielt. Köln startete schwach in die Saison, die Klubführung entließ Chefcoach Georg Keßler und machte Nobody Christoph Daum zunächst zum Interimstrainer.

Daum hatte nie auf professioneller Ebene Fußball gespielt – was seinerzeit eigentlich ein K.o.-Kriterium für ein Traineramt in der Bundesliga war. Der gebürtige Zwickauer hatte aber ohnehin einen für die damalige Zeit ungewöhnlichen Ansatz. Sein Credo: „Wenn du Spieler erfolgreich machen willst, dann behandele sie, wie du sie haben willst."

Die Saison 1986/87 beendete der FC im gesicherten Mittelfeld, die Interims- wurde zur Dauerlösung. Mit Top-Personal wie Pierre Littbarski, Thomas Häßler, Bodo Illgner, Jürgen Kohler oder Thomas Allofs griff der Klub danach die Spitze an. 1988 wurde Köln Dritter, 1989 und 1990 Vizemeister hinter dem FC Bayern.

Trotz des außergewöhnlich besetzten Kaders wurde Daum als wesentlicher Baustein für die Renaissance des 1. FC Köln angesehen. Der junge Trainer war omnipräsent, auch weil er bewusst aneckte. Legendär ist sein Wortgefecht mit Bayern-Manager Uli Hoeneß im Aktuellen Sportstudio. Als Kolumnist bei der Heim-Europameisterschaft 1988 zählte er die „Lichtgestalt" Franz Beckenbauer an. DFB-Teamchef Beckenbauer habe auf die falschen Spieler gesetzt, so Daum. Der „Kaiser" grantelte: „Was kümmert es den Mond, wenn ein Hund ihn anbellt."

Der Erfolg aber gab dem jungen Trainer recht, der auch zu ungewöhnlichen Methoden griff. So klebte Daum einmal die Siegprämie in echten Scheinen an die Kabinentür.

Vollkommen überraschend wurde Daum während der WM 1990 entlassen. FC-Präsident Dietmar Artzinger-Bolten sprach nebulös von zerstörtem Vertrauen, Details wurden nie bekannt. Für die Kölner Fans war ein Märtyrer geboren.

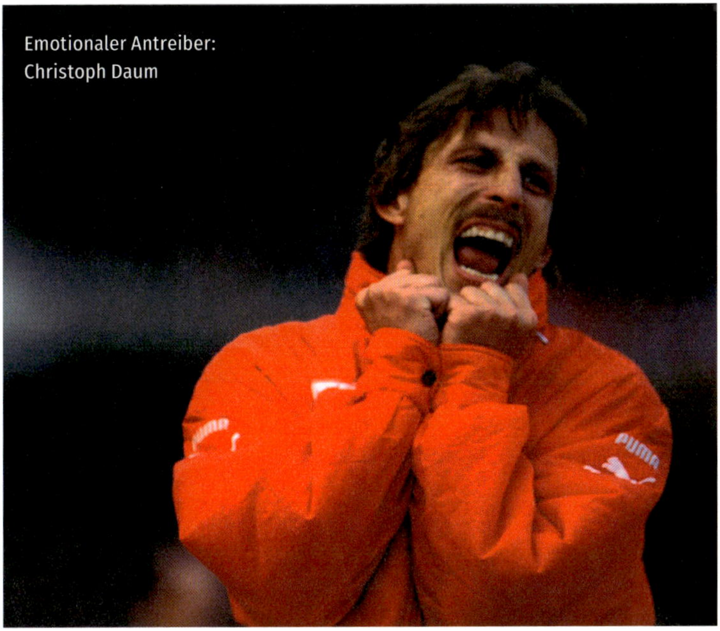

Emotionaler Antreiber: Christoph Daum

Daum zog nach Stuttgart weiter, wo er 1992 den Titel holte. 1996 stand er vor einer Rückkehr zum FC, entschied sich aber für den ungeliebten Nachbarn Bayer Leverkusen. Die ebenfalls um ein Haar abgestiegene Werkself wurde 1997 auf Anhieb Vizemeister, der FC musste 1998 eine Klasse runter.

Doch auch Daum fiel tief. 2000 verpasste er mit Bayer dramatisch die Meisterschaft, nach dem EM-Desaster sollte er 2001 Bundestrainer werden. Doch die Kokain-Affäre verhinderte das, Daum war mit einem Mal verbrannt für höhere Ämter.

2006 wagte der FC einen Vorstoß und holte den einstigen Erfolgscoach zurück – nachdem Daum zunächst bei einer improvisierten Pressekonferenz in einem Kölner Krankenhaus abgesagt hatte.

Der Aufstieg 2008 gelang unter großer Kraftanstrengung, nach dem Klassenerhalt 2009 verabschiedete sich der Coach per Klausel. Daum hatte seine Magie verloren.

Samstagabend-Unterhaltung

Den Beginn der Männerfeindschaft zwischen Christoph Daum und Uli Hoeneß findet man auch mehr als 30 Jahre danach mit ein paar Schlagwörtern in jeder Internet-Suchmaschine. Fünf Tage vor dem Bundesliga-Gipfeltreffen zwischen dem 1. FC Köln und Bayern München am 25. Mai 1989 gaben die die Spitzen beider Vereine im Aktuellen Sportstudio des ZDF vor einem Millionenpublikum Saures.

Flankiert wurden sie von den gemäßigteren Gemütern Udo Lattek, Sportdirektor des 1. FC Köln und einst Erfolgscoach der Münchner, sowie Bayern-Trainer Jupp Heynckes. Dieser war in den Wochen zuvor zur Zielscheibe von Daums Psychospielen geworden.

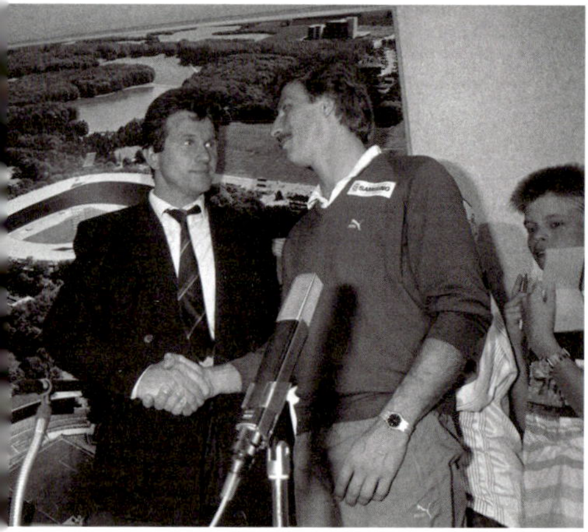

Daums Sticheleien gegen Heynckes entfachten den Streit.

Hoeneß, die selbsternannte „Abteilung Attacke" ging im Streitgespräch zum Gegenangriff über. Hoeneß zu Daum: „Du hast über Jupp Heynckes gesagt, er könne Werbung für Schlaftabletten machen." Daum: „Richtig." Hoeneß: „Du hast gesagt, die Wetterkarte sei interessanter als ein Gespräch mit Jupp Heynckes." Daum: „Richtig. Dazu stehe ich auch." Hoeneß: „Am nächsten Donnerstag ist dein Weg zu Ende."

Tatsächlich behielt Hoeneß recht. Am viertletzten Spieltag gewannen die Bayern in Köln mit 3:1 und bauten ihren Vorsprung auf vorentscheidende vier Punkte aus.

Hoeneß brachte auch 2000 die Kokain-Enthüllungen um Daum ins Rollen, mittlerweile haben sich die Alphatiere versöhnt.

Anziehungskraft

In der Domstadt Köln pflegt man eine ausgeprägte Form der Heldenverehrung. Die Reliquien der Heiligen Drei Könige etwa ruhen in der weltbekannten Kathedrale in einem prächtigen Schrein, auf dem Stadtwappen werden sie symbolisiert durch drei Kronen.

Auch die kölschen Fußballidole genießen einen enormen Stellenwert. Nach dem legendären Hans Schäfer ist mittlerweile die Südtribüne des Stadions benannt, dem großen Techniker Heinz Flohe wurde im Schatten der Arena ein Denkmal gesetzt.

Regelrechte Scharen strömten zum FC, wenn Lieblinge ans Geißbockheim zurückkehrten. Beim Comeback-Training von Hennes Weisweiler 1976 etwa waren um die 10.000 Menschen dabei, das Areal des Geißbockheims war bei Volksfeststimmung heillos überfüllt.

Das Einstandstraining von Christoph Daum wollten an einem Montagnachmittag im November 2006 ebenfalls mehr als 10.000 Fans im Kölner Stadion verfolgen. „Messias“ Daum gab kaum Kommandos, stattdessen schritt er die Reihen ab, nahm Blumen entgegen und genoss die Huldigungen.

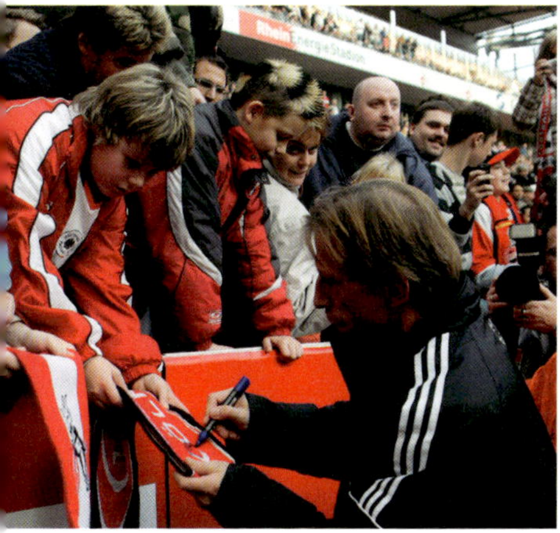

Christoph Daum wurde wärmstens empfangen.

Für die klare Bestmarke sorgte da Lukas Podolski. Die erste Einheit nach seiner Rückkehr aus München am 26. Juni 2009 verlegte der FC ins Stadion, es war eine weise Entscheidung: 21.000 Fans wurden Augenzeuge, wie „Prinz Poldi“ wieder in Rot und Weiß gegen den Ball trat.

Vom FC-Flop zum Star

Lukas Podolski ist in Köln zum Star gereift und dann für viel Geld verkauft worden, dasselbe gilt für Thomas Häßler oder Bernd Schuster. Allerdings hat sich der FC manchmal auch zu früh und im Nachhinein unnötig von Talenten getrennt, die woanders große Karriere machten.

Preben Elkjaer-Larsen: Der Däne kam 1976 mit 18 Jahren zum 1. FC Köln. Elkjaer-Larsen bestritt in zwei Jahren nur zwölf Pflichtspiele, auch weil Trainer Hennes Weisweiler über seinen Lebensstil verärgert war. So konfrontierte der Coach den jungen Angreifer einmal damit, er sei um drei Uhr nachts mit zwei Frauen und einer Flasche Whiskey in einer Bar gesehen worden. Elkjaer-Larsen konterte: „Nein, das stimmt nicht. Es war Wodka." In Italien machte er dann große Karriere, bei der WM 1986 wurde Elkjaer-Larsen zum drittbesten Spieler des Turniers gewählt.

Carsten Jancker: Der großgewachsene Stürmer kam gar nur siebenmal für den FC zum Einsatz, 1995 ging er für 500.000 D-Mark zu Rapid Wien. Beim österreichischen Rekordmeister schlug Jancker voll ein, 1996 schoss er die Grün-Weißen ins Finale des Europapokals der Pokalsieger und wechselte anschließend zu Bayern München. Beim Rekordmeister stieg Jancker zum Nationalspieler auf und gewann 2001 die Champions League.

Serhou Guirassy: Der 20-jährige Franzose wurde 2016 für 3,8 Millionen Euro aus Lille geholt. Verletzungen und fehlendes Vertrauen prägten seine Zeit in der Domstadt. Nach Ausleihe verkaufte Köln ihn zwar 2019 für sechs Millionen Euro nach Amiens, dort überzeugte Guirassy mit toller Torquote und wurde 2020 für 15 Millionen Euro nach Rennes weiterverkauft.

Der blaue Pullover

1987 war einiges neu beim 1. FC Köln. Pierre Littbarski wurde voller Euphorie wieder am Geißbockheim begrüßt, zudem installierte der FC in Person von Udo Lattek erstmals einen Sportdirektor. Das war ein Problem für viele Fans, hatte Lattek doch zuvor als Trainer des ungeliebten FC Bayern und der noch weniger populären Mönchengladbacher Borussia Titel in Serie gewonnen. Außerdem wurde befürchtet, der damals 52-Jährige würde den jungen Trainer Christoph Daum überwachen.

Letztlich aber setzte in Köln mit Latteks Ankunft ein kurzer, aber steiler Höhenflug ein, der seltsame Blüten trieb. Beim ersten Saisonspiel trug Lattek einen blauen Pullover. Er erinnerte sich: „Jemand frage mich: ‚Ist das der Glückspullover?' Ich antwortete: ‚Warum eigentlich nicht?'"

Weil Fußballer abergläubisch sind, wollte Lattek dieses 80 D-Mark teure Kleidungsstück fortan bis zur ersten Niederlage tragen – natürlich ungewaschen. Erst am 15. Spieltag verlor Köln bei Werder Bremen 1:2, Lattek und seine Nebensitzer im Stadion waren erlöst.

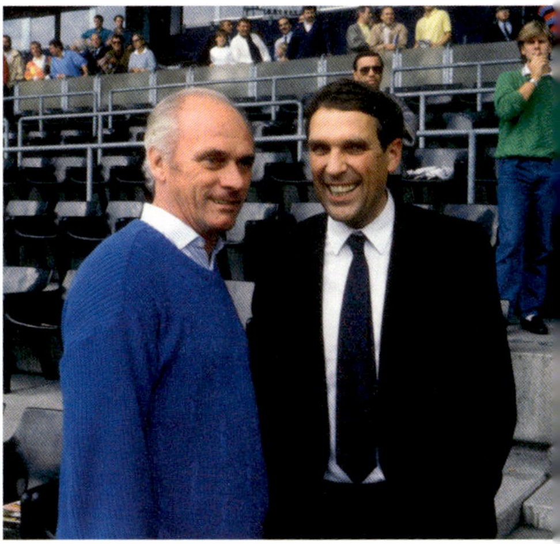

Lattek und FC-Präsident Dietmar Artzinger-Bolten

Er versteigerte den kultigen Pullover für den guten Zweck, 35.000 D-Mark kamen so der Kinderkrebshilfe zugute.

Danach ging es nicht mehr so gut weiter, Köln verlor im Frühjahr den Anschluss und belegte am Saisonende den dritten Rang hinter Werder und den Bayern.

Gelebte Toleranz

Köln ist für seine Weltoffenheit bekannt. Die Bewohner der Domstadt gelten als herzlich, tolerant. „Levve un levve losse“ („leben und leben lassen“) ist mehr als nur ein populärer Song der Band „Höhner“. Und so waren tatsächlich auch einige Düsseldorfer beim FC herzlich willkommen.

Allen voran die beiden Brüder Klaus und Thomas Allofs, deren hohe Akzeptanz gewiss auch mit ihrer Trefferquote zu erklären war. Europameister Klaus Allofs wurde 1981 für die damalige Bundesliga-Rekordablöse von 2,25 Millionen D-Mark der Düsseldorfer Fortuna abgekauft. Hoher Preis, tolle Rendite: Allofs erzielte in sechs Jahren 113 Treffer, er wurde für den FC je einmal Torschützenkönig in der Bundesliga und einmal im UEFA-Cup.

Sein etwas mehr als drei Jahre jüngerer Bruder Thomas spielte ein Jahr gemeinsam mit Klaus, blieb insgesamt drei Spielzeiten und wurde 1989 Bundesliga-Torschützenkönig.

Auch Fritz Ewert, Torhüter der Meistermannschaften 1962 und 1964, wurde in Düsseldorf geboren.

Weniger tolerant war man beim FC hingegen ausgerechnet mit Star-Trainer Hennes Weisweiler. Dass dieser in seiner dritten Amtszeit in Neuss vor den Toren Düsseldorfs lebte und jeden Tag pendelte, stieß besonders Vereinspräsident Peter Weiand auf. Schließlich besaß Weisweiler auch ein Haus in Köln.

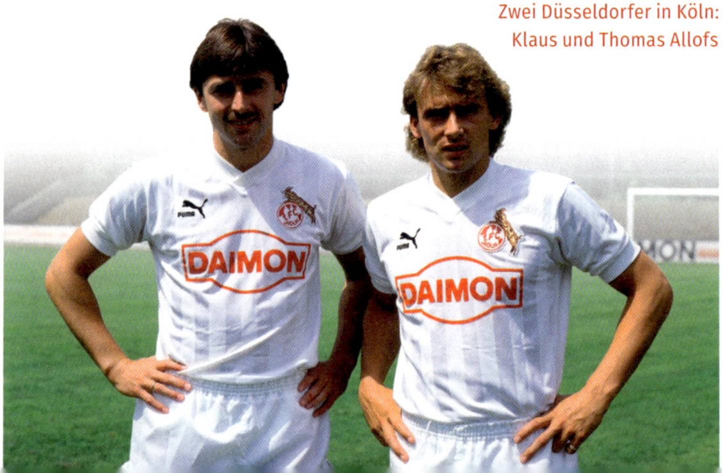

Zwei Düsseldorfer in Köln: Klaus und Thomas Allofs

Die Macht der Spielerfrauen

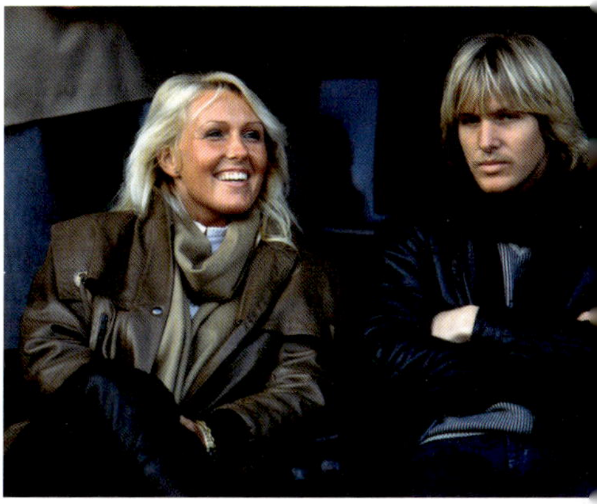

Gaby Schusters Popularität bei den FC-Bossen war überschaubar.

Eine besondere Anziehung übte der 1. FC Köln in seiner Blütezeit nicht nur auf außergewöhnliche Spieler aus, sondern offenkundig auch auf starke Spielerfrauen. Gaby Schuster, Angela Häßler und Bianca Illgner handelten für ihre Gatten Bernd, Thomas und Bodo die Verträge aus und machten sich wegen ihrer Unnachgiebigkeit in der Machobranche Fußball nicht sehr beliebt.

„Wat will dat Luder schon widder“, rief Hennes Weisweiler einmal über den Trainingsplatz, als Gaby Schuster, eine gelernte Kosmetikerin, mit ihm sprechen wollte. Sie war es auch, die im Herbst 1980 den Wechsel ihres „blonden Engels“ nach Barcelona forcierte.

Bianca Illgner war bekannt für ihre blonde Fönfrisur sowie enge und knappe Kleider. Am Verhandlungstisch war sie knallhart, durch die von ihr durchgesetzte Ausstiegsklausel konnte ihr Gatte 1996 das FC-Tor über Nacht verlassen und nach 13 Jahren im Verein zu Real Madrid wechseln. 2004 ging das Paar unter die Literaten, herausgekommen ist „Alles – ein fiktiver Tatsachenroman“.

Angela Häßler, wenngleich dunkelhaarig, komplettiert die Liste der gefürchteten Kölner Spielerfrauen. Mit ihrem forschen Auftreten war sie das ziemliche Gegenteil zu ihrem introvertierten Gatten Thomas, mit ihrem Verhandlungsgeschick erzielte sie 1990 aber einen Traumvertrag bei Juventus Turin.

Die Häßler-Millionen

Fragt man nach den Gründen, warum der 1. FC Köln in den 1990er Jahren so heftig abgestürzt ist, dann werden zwei Punkte besonders häufig genannt: die Entlassung von Christoph Daum und das „Verschwinden“ der Häßler-Millionen.

Für den Verkauf von Dribbelkünstler Thomas Häßler an Juventus Turin erhielt der FC nach der Weltmeisterschaft 1990 die stolze Summe von 14,5 Millionen D-Mark und sanierte sich damit auf einen Schlag.

Das Geld wurde allerdings auch schnell unters Volk gebracht. Nach dem Mauerfall deckten sich einige Bundesligaklubs mit den Stars der DDR-Oberliga ein. Leverkusen angelte sich Andreas Thom und Ulf Kirsten, der VfB Stuttgart holte den späteren Weltklassespieler Matthias Sammer, der HSV Thomas Doll. Und Köln? Henri Fuchs und Rico Steinmann. Letzterer galt als großes Spielmachertalent, war immerhin das Kindheitsidol des späteren Nationalmannschaftskapitäns Michael Ballack. Doch Steinmann war eher ein schlampiges Genie, Fuchs hatte nur eine ordentliche Saison. Beide kosteten jedoch zusammen 5,3 Millionen D-Mark, damit war schon fast die Hälfte der Häßler-Ablöse versenkt.

Fünf Millionen wurden 1990 für Henrik Andersen fällig, der mit Dänemark zwar Europameister wurde, in seinen acht Jahren beim FC aber von Verletzungen gebeutelt war und nie recht in Tritt kam.

„Icke“ Häßler sattelte von Rot um auf Schwarz-Weiß.

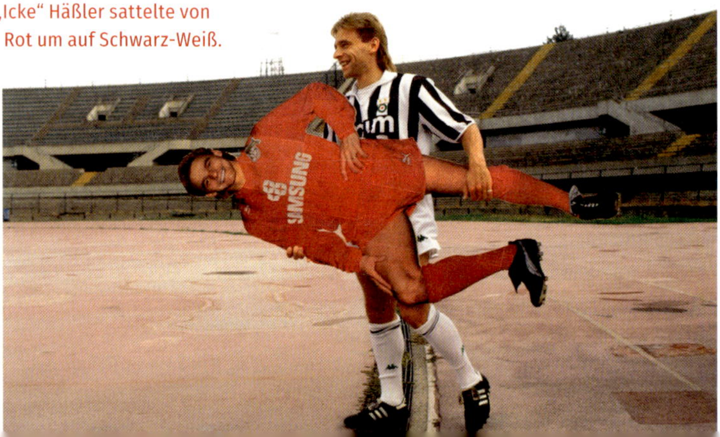

Mach et, Otze

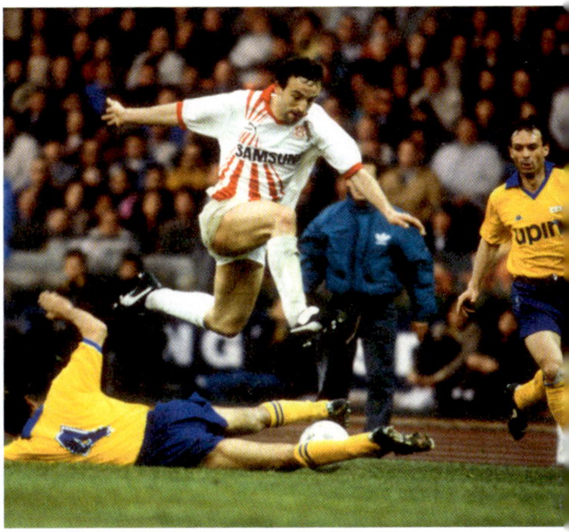

Frank Ordenewitz machte „et".

Eigentlich hatten FC-Trainer Erich Rutemöller und Stürmer Frank Ordenewitz nur das Regelwerk sehr gründlich studiert. Und vermutlich wäre die Sache nie aufgeflogen, „Otze" hätte im DFB-Pokalfinale 1991 spielen können und den 1. FC Köln womöglich zum Sieg geschossen.

Doch Rutemöller verplapperte sich im TV-Interview nach dem 3:0-Erfolg im Halbfinale gegen den MSV Duisburg. Der Coach räumte ein, Ordenewitz gesagt zu haben: „Mach et". Et, das war das gezielte Provozieren eines Platzverweises.

Nach den damaligen Statuten durfte Ordenewitz eine Rotsperre aus dem Pokal nämlich in der Bundesliga absitzen. Anders verhielt es sich bei einer Gelbsperre, und die war perfekt nach seiner Verwarnung in der 9. Minute gegen den MSV.

Weil aber der FC nach 49 Minuten komfortabel mit 2:0 führte, wurde der Alternativplan beschlossen. Der Stürmer stieg mehrfach rüde ein, von Schiedsrichter Markus Merk „erlöst" wurde Ordenewitz allerdings erst kurz vor dem Schlusspfiff wegen einer Unsportlichkeit.

Der DFB kannte nach diesem Schurkenstück keine Gnade, sperrte Ordenewitz auch für das Pokalfinale gegen Werder Bremen, das der 1. FC Köln nach Elfmeterschießen verlor.

Immerhin bewirkte Ordenewitz eine Anpassung des Regelwerks: Der DFB schloss das seltsame Schlupfloch zur Saison 1991/92.

Der Unfalltod von Maurice Banach

Das Tor zum 1:1 für den 1. FC Köln im DFB-Pokalfinale 1991 schoss Maurice Banach. Der Sohn eines US-Amerikaners und einer Deutschen wurde 1990 als Zweitliga-Torschützenkönig von der SG Wattenscheid verpflichtet und avancierte beim FC blitzschnell zum Fanliebling und Stürmer Nummer eins. 29 Tore gelangen „Mucki" in seinen 63 Spielen für Köln, im Alter von 24 Jahren stand er kurz vor seiner ersten Nationalmannschaftsnominierung, ehe das Unfassbare geschah.

Die Kollegen und Trainer Jörg Berger trafen sich am 17. November 1991 nach dem 0:3 bei Schalke 04 am Geißbockheim zum Auslaufen – und Banach kam einfach nicht. Der junge Familienvater war mit seinem Opel Omega auf der A1 bei Remscheid gegen einen Brückenpfeiler geprallt, der Wagen fing Feuer, Banach verstarb an der Unfallstelle.

Der deutsche Fußball und ganz Köln standen unter Schock. „Ich konnte nichts mehr denken, war fassungslos, musste erstmal in die Kabine und mich sammeln", offenbarte Berger Jahre später im Spiegel.

Die Bundesligapartie gegen Dynamo Dresden wurde abgesagt und erst vier Wochen später nachgeholt. Beim EM-Qualifikationsspiel der deutschen Nationalmannschaft in Belgien am 20. November wurde in einer Schweigeminute des hoffnungsvollen Stürmers gedacht, dessen Trikot man heute noch auf der Kölner Südtribüne sieht.

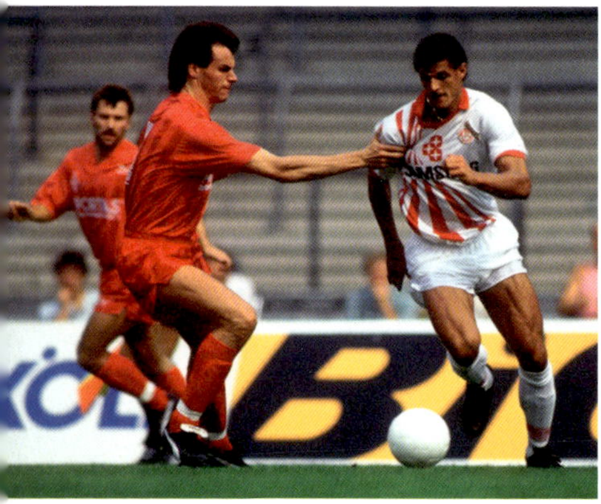

Unwiderstehlicher Antritt: Banach war auf dem Weg in die Nationalelf.

Der Berger-Bluff

Die Mannschaftsaufstellungen sind den Trainern heilig. Auf Pressekonferenzen werden die Verantwortlichen in schöner Regelmäßigkeit nach ihren geplanten Startformationen gefragt, zumeist verweisen sie auf den Spieltag.

Jörg Berger trieb die Geheimniskrämerei vor seinem Debüt als FC-Trainer am 14. September 1991 aber auf die Spitze. Dies mag auch am Gegner gelegen haben: Der VfB Stuttgart, am Ende der Saison Deutscher Meister, wurde trainiert von Bergers Vorvorgänger Christoph Daum.

Berger, der 1979 aus der DDR geflohen war und bis zur Wende mit der Angst vor Repressalien durch die Stasi lebte, ließ seinen Gegenüber und die Fans bis zum Schluss im Ungewissen.

Weltmeister Pierre Littbarski würde das Spiel wegen einer Verletzung verpassen, hieß es bis kurz vor dem Anpfiff. Was niemand außer den Kölnern wusste: „Litti" war rechtzeitig fit, er machte sich aber nicht auf dem Rasen, sondern in der Kabine warm. Auch wurde sein Name nicht beim Verlesen der Mannschaftsaufstellung genannt.

Umso überraschter reagierten die 19.000 Fans im Müngersdorfer Stadion, als ihr Liebling zum Anpfiff den Rasen betrat. Der FC holte ein 1:1 und blieb auch nach dem 9. Spieltag der Saison 1991/92 ohne Sieg, doch in der Folge setzte ein Höhenflug ein, an dessen Ende die Kölner noch den vierten Rang erreichten.

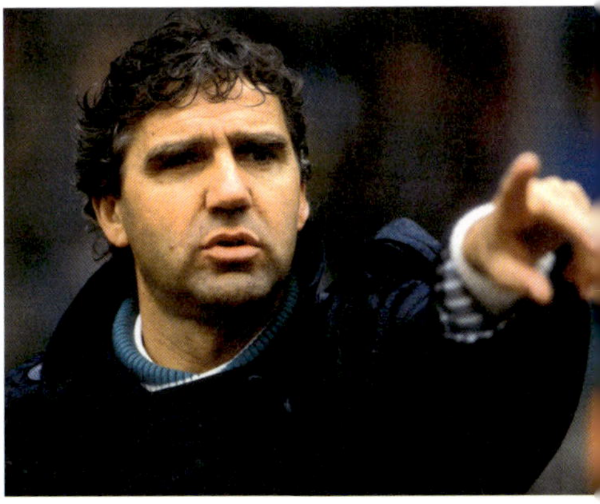

Berger stellte seinen Vorvorgänger Daum vor ein Rätsel.

Toni Doppelpack

Der Doppelpack machte Toni Polster berühmt – und brachte ihn sogar in die Charts. „Toni, trifft im Doppelpack, Schlampen trinken Sechserpack", sang der Kölner Publikumsliebling gemeinsam mit der Stimmungsband „Die fabulösen Thekenschlampen" 1997 in dem Hit „Toni, lass es polstern". Man habe ihm „das Lied vorgeschlagen und ich hatte spontan nach längeren Überlegungen zugesagt", erinnerte sich der Spaßvogel Jahre später.

Polster, Jahrgang 1964, war damals bereits in der späten Schaffensphase seiner Karriere. Die dunklen Locken waren an den Schläfen sichtbar ergraut, und allzu schnell war der gebürtige Wiener mit dem wenig schmeichelhaften Beinamen „Bierdeckel Toni" (wegen seines Bewegungsradius) auch nicht mehr. Doch eines hatte Polster immer noch: seinen Torinstinkt.

Mit diesem war er für den 1. FC Köln ab 1993 quasi die personifizierte Lebensversicherung. In 165 Pflichtspielen für den Klub war Polster insgesamt 87 Mal erfolgreich. Und wenn er traf, dann legte er gerne zügig nach. In 22 Spielen für den FC traf Polster mindestens zweifach, weswegen der Kölner Boulevard bald einen weiteren Spitznamen für ihn parat hatte: „Toni Doppelpack".

Ohne Polster, das vermuteten einige, wäre der FC nicht erst am Ende der Saison 1997/98 zum ersten Mal abgestiegen. Andere vertraten die Ansicht, Polster war ungeachtet seiner Tore mitverantwortlich für die Fortsetzung des sportlichen Niedergangs. Drecksarbeit und Defensivaufgaben lehnte der Exzentriker weitgehend ab, der phasenweise einen Zopf à la Mozart trug. Dadurch mussten die Mitspieler teilweise für den Topverdiener zusätzliche Meter machen.

Man kann es drehen, wie man will. Unbestritten ist aber, das Polster hochgradig populär bei den Anhängern war. Der Mann mit dem breiten Wiener Schmäh fühlte sich in Köln pudelwohl, unter anderem übernahm er beim Stadtteilklub SV Weiden das Präsidentenamt.

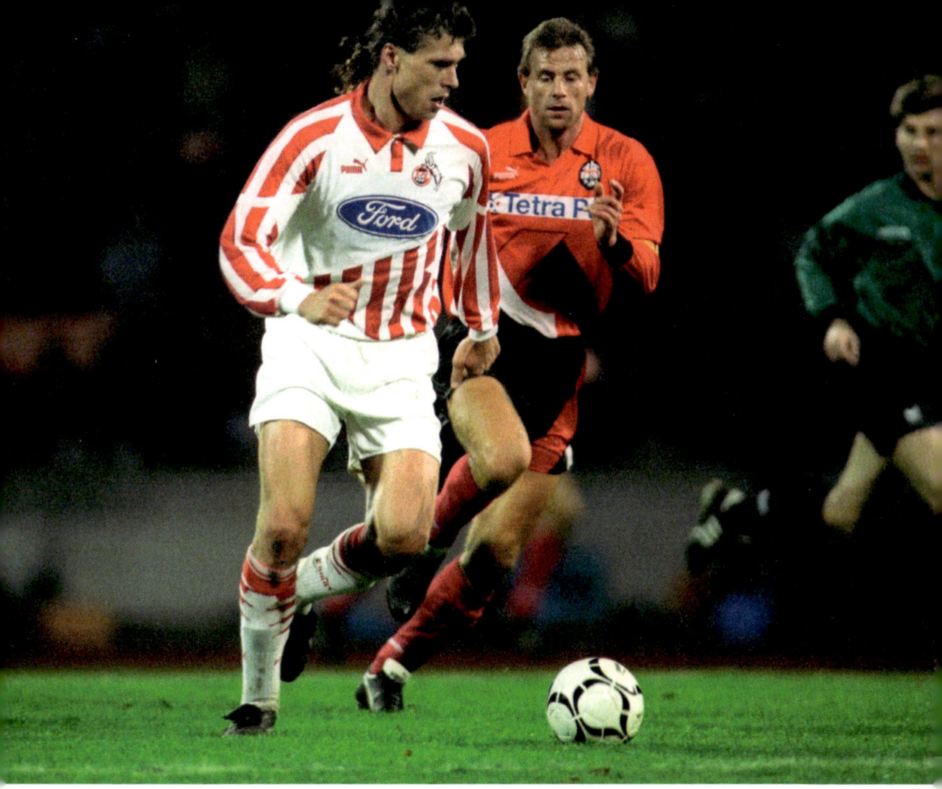

Glänzte auch mit Mozartzopf: Toni Polster

Höhepunkt von Polsters Kölner Jahren war der vorletzte Spieltag der Saison 1996/97. Der FC hatte weder mit dem Europacup noch mit dem Klassenerhalt etwas zu tun. Man konnte aber noch dem Nachbarn Bayer Leverkusen um den früheren Kölner Trainer Christoph Daum die Meisterschaft vermasseln. Und genau das tat Polster. Toni Doppelpack erzielte beim 4:0 gegen die Werkself ganz unüblich drei Tore. 21 Treffer gelangen ihm in der Spielzeit 96/97, allein der Leverkusener Ulf Kirsten traf noch häufiger.

In der Saison darauf erlebte der Torjäger aber seine erste richtige Durststrecke in Köln – und der FC stieg 1998 ab nach „nur“ 13 Polster-Treffern. Fast noch schlimmer für die meisten Fans: Anstatt zu bleiben und ein ewiger Held zu werden, wechselte er zu Borussia Mönchengladbach.

Das Video

Mit dem Videobeweis hat der 1. FC Köln irgendwie kein Glück. Man hätte ihn sich gewünscht, als es ihn noch nicht gab. Auf der anderen Seite fühlte man sich oft benachteiligt, seit er existiert. Die schwierige Beziehung nahm ihren Anfang im Jahr 1993, stolze 24 Jahre vor der Einführung des Video-Assistenten in der Bundesliga.

Toni Polster hatte am sechsten Spieltag bei der 1:2-Niederlage gegen Bayer Leverkusen wegen Nachtretens von Schiedsrichter Hans-Peter Best die Rote Karte gesehen. Der Deutsche Fußball-Bund belegte den österreichischen Angreifer mit einer Sperre von acht Wochen, was nach Ansicht der FC-Verantwortlichen dann doch übertrieben war.

Eine Delegation um FC-Geschäftsführer Wolfgang Schänzler reiste mit vermeintlich entlastendem Videomaterial in die DFB-Zentrale nach Frankfurt. Einziges Problem: Niemand prüfte das Band, ehe die gut zweistündige Autoreise angetreten wurde.

Denn leider enthielt das Video mitnichten unbekannte Kamera-Blickwinkel aus dem fraglichen Spiel – sondern den Mitschnitt eines Konzerts der kölschen Band Bläck Fööss.

Das eigentliche Kuriosum: Der DFB reduzierte die Sperre trotzdem auf fünf Spiele.

Polster spielte eine starke erste Saison im Kölner Trikot, in 25 Bundesligapartien erzielte der Stürmer 17 Tore.

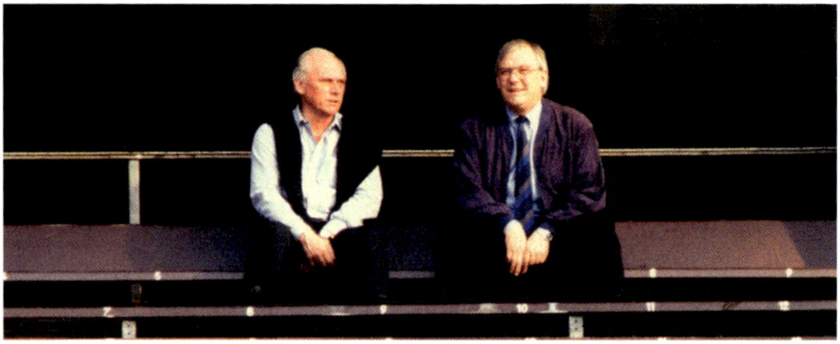

Wolfgang Schänzler (r./mit Udo Lattek) hatte das falsche Band dabei.

Demut auf die harte Tour

Hochmut kommt bekanntlich vor dem Fall. Im festen Glauben an den Sieg ihrer „Wundermannschaft“ wurden vor dem WM-Finale 1954 in Ungarns Hauptstadt Budapest vor dem Nep-Stadion bereits elf Sockel angebracht – für die Statuen der elf Weltmeister. Dumm nur: Ungarn verlor das Endspiel gegen Deutschland mit 2:3.

Ein paar Nummern kleiner, aber dennoch peinlich war, was sich der 1. FC Köln vor dem DFB-Pokalhalbfinale 1995 gegen den Zweitligisten VfL Wolfsburg erlaubte. Der Klub verkaufte nämlich bereits vor (!) dem Anpfiff Tickets für das Endspiel in Berlin. Flüge und Hotel für das Team waren auch schon gebucht.

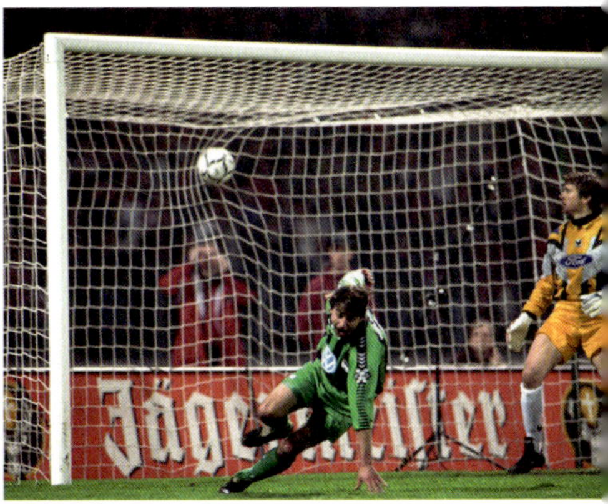

Der Außenseiter führt – und gewinnt: Köln verpasst das Pokalfinale 1995.

Das Endspiel allerdings fand ohne den FC statt, weil sich der Favorit vom damals nur halbherzig vom VW-Konzern unterstützten Außenseiter vorführen ließ. Wolfsburgs Sturm-Oldie Siegfried Reich gelang in der 20. Minute das goldene Tor, der FC mit dem Paradesturm Toni Polster/Bruno Labbadia (31 Saisontore) fand in den verbleibenden 70 Minuten kein Mittel und schied aus.

Reich berichtete später, er und seine Mitspieler hätten am Spieltag in der Zeitung gelesen, dass die Kölner gedanklich schon beim Endspiel gegen den alten Rivalen Borussia Mönchengladbach waren. „Wir hatten den Eindruck, dass man uns nicht für voll genommen hat. Das hat uns natürlich noch mal motiviert“, so Reich.

Dino-Macher 1. FC Köln

Einen nach dem anderen erwischte es. Hertha BSC war schon 1965 fällig, nach zwei Jahren in der Bundesliga. Es folgten weitere prominente Gründungsmitglieder wie der 1. FC Nürnberg (1969), Borussia Dortmund (1972), der VfB Stuttgart (1975) oder Werder Bremen (1980). Nach dem Abstieg von Eintracht Frankfurt und des 1. FC Kaiserslautern 1996 hatten nur noch der 1. FC Köln und der Hamburger SV in jeder Saison in der 1. Bundesliga gespielt.

Theoretisch war Köln also kurz davor, als „Dino“ zu gelten. Diesen Titel gab sich allerdings der HSV, denn auch den glorreichen FC erwischte es – ausgerechnet 1998, im 50. Jahr der Fusion aus KBC und Sülz 07.

Eine Sensation war der erste Abstieg der Vereinsgeschichte eigentlich nicht mehr. Der FC blickte ab der Saison 1992/93 eher nach unten als nach oben, 1996 gelang die Rettung erst am letzten Spieltag. Zwei Jahre später wähnte man sich bereits gerettet, fünf Punkte Vorsprung vor den fünf letzten Spielen sollten doch reichen.

Der bis dahin heimstarke FC verlor allerdings nacheinander die Heimspiele gegen den ebenfalls abstiegsbedrohten Karlsruher SC (0:1) sowie gegen 1860 München und steckte auf einmal mittendrin im Schlamassel.

Es folgte der 32. Spieltag und eine Partie der Marke „richtungsweisend“. Köln spielte stark beim UEFA-Cup-Sieger Schalke 04, war dem Sieg und damit einem großen Schritt Richtung Klassenerhalt nahe.

Doch Toni Polster vergab eine Großchance, kurz vor dem Ende dann feuerte René Tretschok einen Schuss ab, den der Schalker Abwehrspieler Oliver Held auf wundersame Weise noch über das Tor beförderte. Naja, wundersam war allenfalls, dass Schiedsrichter Uwe Kemmling das klare Handspiel des nur 1,78 Meter kleinen Held über Kopfhöhe übersah.

Die FC-Spieler reklamierten energisch, Kemmling fragte bei Held nach und appellierte an dessen Ehrlichkeit. Der schwor, den Ball nicht mit der Hand gespielt zu haben. Den Videobeweis gab es damals noch nicht. „Oliver Held soll sein ganzes Leben lang kein Glück mehr haben“, zischte ein wütender Toni Polster nach dem Abpfiff ins TV-Mikrofon.

Denn in der 90. Minute schoss Schalke noch das 1:0-Siegtor, der FC rutschte auf einen Abstiegsplatz ab und erholte sich von diesem Schock nicht mehr. Drei Tage später kassierte die Mannschaft von Lorenz-Günther Köstner bei der bereits abgestiegenen Bielefelder Arminia ein 1:2, eine Woche später war das 2:2 gegen Bayer Leverkusen zu wenig.

„Wir waren Zweiter, wir waren im Halbfinale des UEFA-Cups, wir hatten 20 Millionen Mark auf dem Konto. Wir waren dabei, so etwas wie Borussia Dortmund zu werden. Und heute sieht man, was daraus geworden ist“, sagte Christoph Daum – der Trainer des Gegners, mit dessen Entlassung der Niedergang eingesetzt hatte.

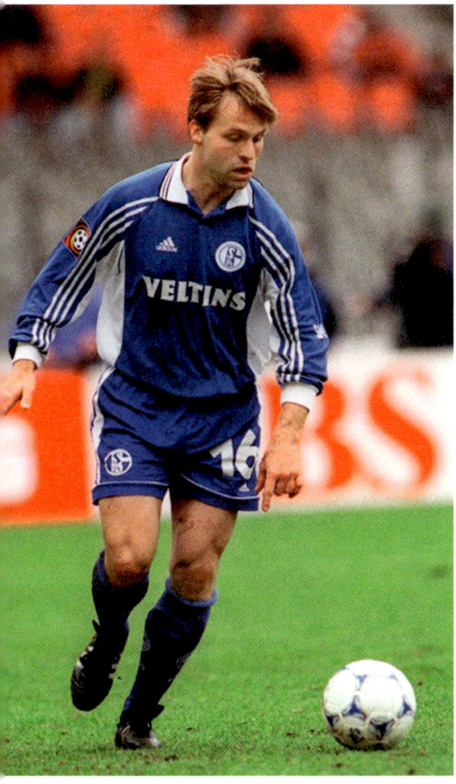

Oliver Held machte sich in Köln keine Freunde.

„E Jeföhl dat verbingk" – Lieder über den 1. FC Köln

Eigentlich war die Sache anders geplant. Die Band Höhner schenkte dem 1. FC Köln zum 50. Geburtstag am 13. Februar 1998 eine neue Hymne. Melodisch, pathetisch, einfach gut. Dass insbesondere eine Strophe aber zum Programm der kommenden Jahrzehnte werden würde, war nicht vorgesehen.

Mer schwöre dir he op Treu un op Iehr:
Mer stonn zo dir FC Kölle,
Un mer jon met dir wenn et sin muss durch et Füer
Halde immer nur zo dir FC Kölle!

(Wir schwören Dir hier auf Treue und auf Ehre:
Wir stehen zu dir FC Köln,
und wir gehen mit dir, wenn es sein muss, durch's Feuer
halten immer nur zu dir FC Köln!)

„Durch et Füer" ging es seit 1998 tatsächlich in aller Regel. Insgesamt sechsmal stieg der FC binnen 20 Jahren aus der Bundesliga ab, zum ersten Mal wenige Wochen nach Erscheinen des Gänsehaut-Liedes, das traditionell vor jedem Heimspiel gespielt wird und mit seiner Wucht auch die gegnerischen Spieler beeindruckt.

„Mer stonn zo dir, FC Kölle" ist deutschlandweit das bekannteste Lied über den 1. FC Köln. Manch einer wird beim ersten Anhören gedacht haben, dass ihm die Melodie bekannt vorkommt. Tatsächlich haben die Höhner ein bisschen geklaut und ihren Text auf den schottischen Folk-Song „Loch Lomond" aus dem 18. Jahrhundert gedichtet.

Die Höhner sind ohnehin so etwas wie die inoffizielle FC-Band. Nach dem Double 1978 sang die Gruppe um den in Leverkusen geborenen Frontmann Henning Krautmacher „Unsre Bock eß Meis-

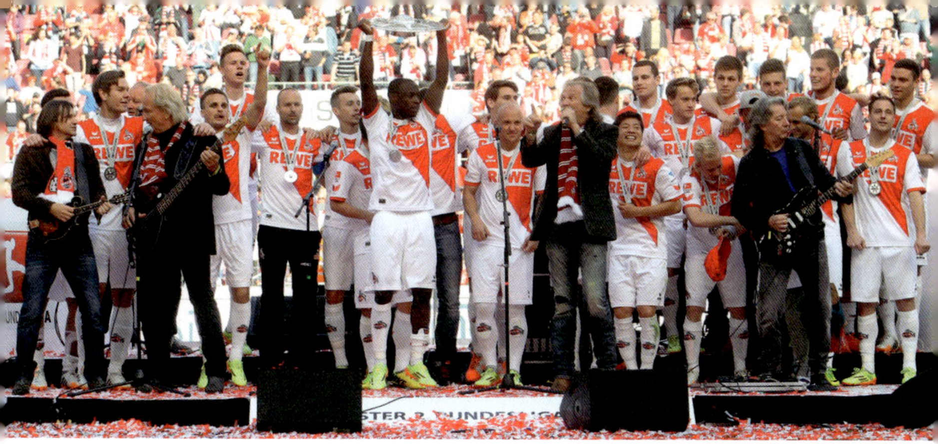

Kölsche Musik und der FC sind untrennbar.

ter“, später legte die Band „Unser Hätz schlät für de FC Kölle“ nach.

Begonnen hatte die Verbindung von Verein und Musik mit dem Lied „Dir, 1. FC Köln“ aus dem Jahr 1948. Komponist war Eduard Szilinsky, der nebenbei auch das erste Eigentor der Vereinsgeschichte fabrizierte. Weiter ging es 1956 mit einem schmalen „Club-Liederbuch“, das der Verein an Mitglieder, Freunde und Förderer verteilte.

Seit den späten Neunzigern – und damit parallel zum Sinkflug des FC – explodierte das Liedgut über den Klub regelrecht. Mittlerweile ist alles dabei von Rap (Mo-Torres: „Effzeh International“ von 2017) bis hin zu A-Capella-Songs (Wise Guys: „Es tut so weh“ von 1998).

Bemerkenswert ist allerdings, wie häufig der 1. FC Köln auch in Liedern über die Stadt eine tragende Rolle spielt. So beginnt der Höhner-Klassiker „Viva Colonia“ mit den Worten „Mer jonn zum FC Kölle…“. In „Du bes Kölle“, Tommy Engels emotionaler Liebeserklärung an die Stadt, heißt es: „Du bes Oberbürjermeister, du bes die KVB. Du bes Prinz, Buur und Jungfrau, bes och de FC.“ („Du bist Oberbürgermeister, du bist die KVB. Du bist Prinz, Bauer und Jungfrau, bist auch der FC.“)

Die Höhner hatten recht. In „Mer stonn zo dir, FC Kölle“ heißt es nämlich auch: „E Jeföhl dat verbingk, FC Kölle“ (Ein Gefühl, das verbindet, FC Köln).

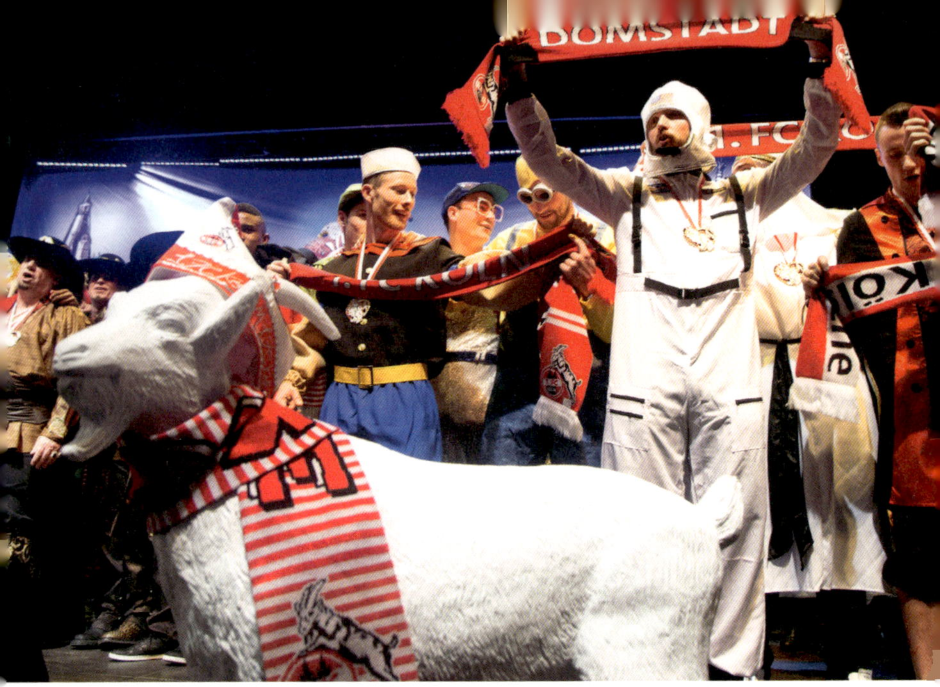

Die fünfte Jahreszeit gehört beim FC unbedingt dazu.

Nur ein Karnevalsverein

Spieler und Fans des 1. FC Köln müssen sich in den Stadien einiges an Spott gefallen lassen. Einer der Klassiker, wenn es beim FC mal wieder nicht so gut läuft, ist der Schmähgesang: „Ihr seid nur ein Karnevalsverein" zur Melodie des Beatles-Klassikers „Yellow Submarine". Der Kölner ist allerdings erprobt in Selbstironie, und so schallt es bei dürften Leistungen der eigenen Mannschaft auch schon mal aus dem FC-Block: „Wir sind nur ein Karnevalsverein". Und das ist auch inhaltlich durchaus korrekt.

Am 25. Januar 2015 nämlich wurde der 1. FC Köln im Festkomitee Kölner Karneval von 1823 als förderndes Mitglied aufgenommen. Festkomitee-Präsident Markus Ritterbach war damals auch FC-Vize, was den Prozess beschleunigt haben dürfte.

Doch auch davor schon gehörte der Karneval zum Verein. Eine eigene Karnevalssitzung hat Tradition, sie gilt als eines der Highlights in der „fünften Jahreszeit". Spieler, Trainer und Funktionäre wurden regelmäßig von den Kölner Traditionskorps zur Teilnahme am Rosenmontagszug eingeladen, mittlerweile hat der FC einen eigenen Wagen.

Seit 2013 legen die Ausrüster des Vereins zudem regelmäßig ein Karnevalstrikot auf, das rund um dem Sessionsauftakt am 11. November sowie um Rosenmontag herumgetragen wird. Damals nahm auch die Tradition ihren Anfang, ein Karnevalstraining abzuhalten. Am Elften im Elften wurde den Kiebitzen am Geißbockheim schon mal Kölsch gereicht, nach einer lockeren Einheit schmissen sich Spieler und Staff in Kostüme und feierten in der Stadt.

So offen muss man als Kölner Funktionär wohl mit dem Traditionsgut Fastelovend umgehen, das hat die Geschichte gezeigt. 1972 nämlich bat der ungarische Trainer Gyula Lorant am kölschen Feiertag Rosenmontag seine Spieler um Wolfgang Overath und Hannes Löhr zum Training – nicht ein Profi erschien.

Alles könnte so schön mit dem FC und dem Karneval, wäre da nicht eine schreckliche sportliche Bilanz: Seit der Jahrtausendwende gewann der FC am Karnevalswochenende lediglich drei von 21 Spielen. Eines davon war ein vollkommen unerwartetes 2:1 bei Meister Bayern München am 21. Februar 2009. Am 4. März 2019 gelang in der 2. Bundesliga ein 2:1-Erfolg beim späteren Absteiger FC Ingolstadt. Am 22. Februar 2020 dann der große Ausreißer, als Köln bei Hertha BSC mit 5:0 triumphierte.

Es waren aber eben auch sechs Unentschieden und zwölf Niederlagen dabei. In der Mehrzahl handelte es sich um Auswärtsspiele, schließlich befindet sich die Stadt Köln zwischen Weiberfastnacht und Veilchendienstag auch ganz ohne den FC im Ausnahmezustand. Doch dies entschuldigte keine historischen Blamagen, wie etwa das 0:5 in der 2. Bundesliga beim späteren Absteiger Rot-Weiss Essen am 18. Februar 2007.

Liebe kennt keine Liga

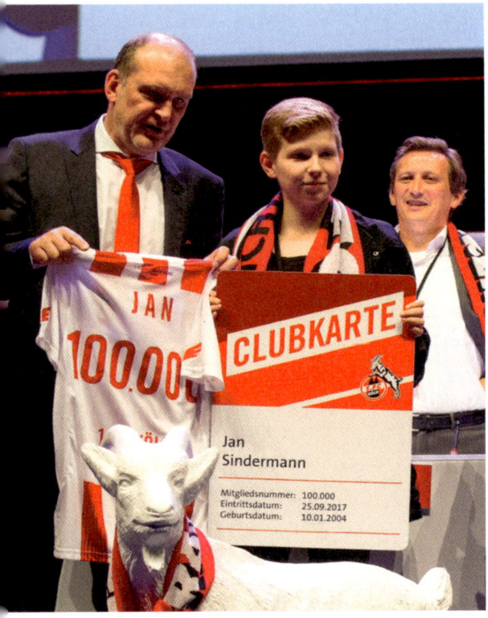

Die Zahl der Mitglieder explodierte um 2000 regelrecht.

Es ist ein wenig paradox, doch mit dem Einsteigen in den Fahrstuhl zwischen 1. und 2. Bundesliga hat sich rund um den 1. FC Köln ein Gefühl des „Jetzt erst recht“ verbreitet. Die Zahl der Mitglieder explodierte geradezu. 2002 waren es noch 13.000, sieben Jahre später wurde die Marke von 50.000 geknackt, 2017 fiel die Schallmauer von 100.000, im Frühjahr 2021 begrüßte der FC sein Mitglied Nummer 111.111.

Das Kölner Stadion fasst allerdings nur 50.000 Menschen, das Dauerkartenkontingent ist vom Verein bei 25.500 gedeckelt. Das bedeutet, dass Vereinsmitglieder ohne bisherige Dauerkarte möglicherweise Jahrzehnte auf der Warteliste stehen. Mehr als gelegentliche Stadionbesuche mit einer Tageskarte sind nicht möglich.

Zumal der 1. FC Köln in pandemiefreien Zeiten in der 1. Bundesliga nahezu immer vor vollem Haus spielt. Seit der Fertigstellung des Rheinenergie-Stadions Anfang 2004 lag der Zuschauerschnitt lediglich in der Saison 2004/05 – damals in der 2. Bundesliga – nicht über der 40.000er-Marke. Entsprechend war vor der Corona-Pandemie für die Vereinsführung auch eine Erweiterung der Arena auf mindestens 70.000 Plätze ebenso ein Thema wie ein kompletter Neubau – für den man allerdings den Traditionsstandort Müngersdorf aufgeben und ins Umland ziehen müsste.

Eine magische Verbindung

Volker Finke wirkte nicht allzu lange in Köln. Der legendäre Trainer des SC Freiburg, gedanklicher Vater der „Breisgau-Brasilianer“, versuchte sich von Februar 2011 bis März 2012 als FC-Sportdirektor. Seine kurze Ära war geprägt von Zwistigkeiten und Zerwürfnissen. Finke stellte aber eine rhetorische Frage, die sehr viel über den 1. FC Köln aussagt: „Ich weiß gar nicht, wer zuerst in Köln war: der Verein oder die Stadt.“

Tatsächlich sind der größte Verein und die mehr als 2000 Jahre alte Stadt ohne einander nicht denkbar. Vor dem ersten Heimspiel jeder Saison findet im Dom eine ökumenische Messe statt. Tausende Fans in Trikot und mit Schal beten für ein erfolgreiches Jahr – ehe sie weiterziehen ins Stadion.

Überhaupt ist der „Effzeh“ an jeder Ecke ein Thema. Es gibt zwei Boulevard-Zeitungen in Köln: die Bild und den lokal erscheinenden Express. Beide Ausgaben widmen sich in ihrem Aufmacher oft dem hiesigen Fußballklub, denn a) zieht das immer und b) gibt es fast immer etwas zu berichten.

Lukas Podolski behielt auch nach seinem endgültigen Abschied 2012 seine schicke Wohnung in einem der Kranhäuser in bester Rheinlage – und gönnte sich sogar noch eine Loge im Rheinenergie-Stadion. „Wo immer ich hingehe, Köln ist immer dabei“, kommentierte „Prinz Poldi“.

Der 1. FC Köln ist Teil des „Dom Walk of Fame“.

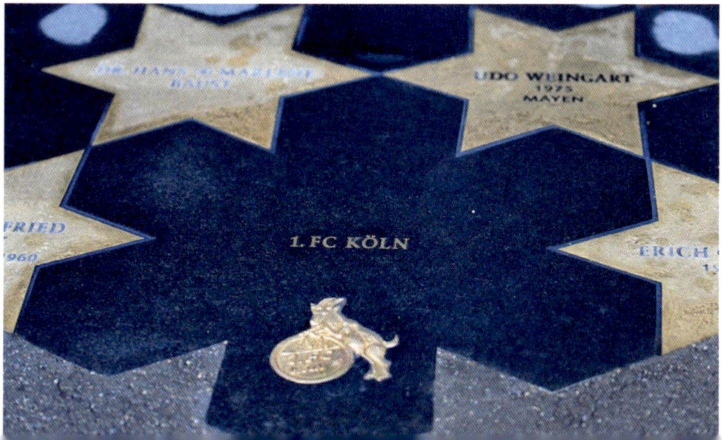

1033 Minuten Ewigkeit

In der Saison 2001/02 beschäftigte der 1. FC Köln insgesamt sieben Stürmer, darunter den früheren französischen Nationalspieler Lilian Laslandes und die beiden deutschen Nachwuchshoffnungen Christian Timm und Marco Reich. Sechs FC-Angreifer blieben in jener Spielzeit ohne jedes Tor, allein der ewig belächelte Markus Kurth war fünfmal erfolgreich.

So lässt sich relativ einfach erklären, wie es möglich war, dass der 1. FC Köln sage und schreibe 1033 Spielminuten in Folge – Nachspielzeiten nicht eingerechnet – ohne eigenen Torerfolg bleiben konnte.

Am 24. November 2001 traf der Schweizer Abwehrspieler Marc Zellweger zum 2:1-Endstand im Kellerduell beim FC St. Pauli, der erlösende Treffer nach zehn kompletten Spielen ohne Erfolgserlebnis (vier Unentschieden, sechs Niederlagen, 0:17 Tore) gelang FC-Libero Thomas Cichon am 2. März 2002 gegen Hertha BSC (Endstand 1:1).

In diesem langen Zeitraum überstand der 1. FC Köln nebenbei drei Runden im DFB-Pokal und erzielte in diesen Spielen gegen Alemannia Aachen, den KFC Uerdingen und Hertha BSC immerhin fünf Tore. Ebenso frappierend: Der nicht allzu platzierte Fernschuss, der die unsägliche Serie beendete, blieb Cichons einziges Tor in 132 Bundesligaspielen.

Sonderlich viel Unterstützung erfuhr der FC im „Rekordspiel" gegen Hertha BSC übrigens nicht. Der frustrierte Anhang jubelte nach sechs Minuten voller Sarkasmus, weil damit die bisherige Rekordmarke des 1. FC Saarbrücken aus der Saison 1992/93 von 964 Minuten ohne Torerfolg übertroffen war. Doch die Uhr tickte ja noch bis zur 75. Spielminute, sodass der Negativrekord in eine Höhe getrieben wurde, die seither nicht mal im Ansatz gefährdet wurde.

Torschütze Cichon freute sich auch nicht, als er die Horrorserie beendete und immerhin einen Punkt im Kampf um den Klassenerhalt sicherte. Der Abwehrspieler fühlte sich vom eigentlich treuen Anhang verhöhnt und im Stich gelassen, er gestikulierte nach seinem Treffer wild in Richtung Tribüne auf der windigen Baustelle, die mal das Müngersdorfer Stadion war und wenig später das schmucke Rheinenergie-Stadion wurde.

„Wenn du gegen das ganze Stadion spielst, gegen die eigenen Fans, ist das bitter", sagte Cichon. Nicht wenige Beobachter schrieben diesem Bauprojekt einen Anteil am zweiten Abstieg der Vereinsgeschichte zu, immerhin wurde mitten in der Saison die Südkurve und damit das Stimmungs-Epizentrum in Kölner Stadion abgerissen. Die neue Südtribüne war erst zum ersten Heimspiel der Saison 2002/03 fertiggestellt – da war der FC dann aber Zweitligist.

Thomas Cichon war eher Zweikämpfer als Torjäger.

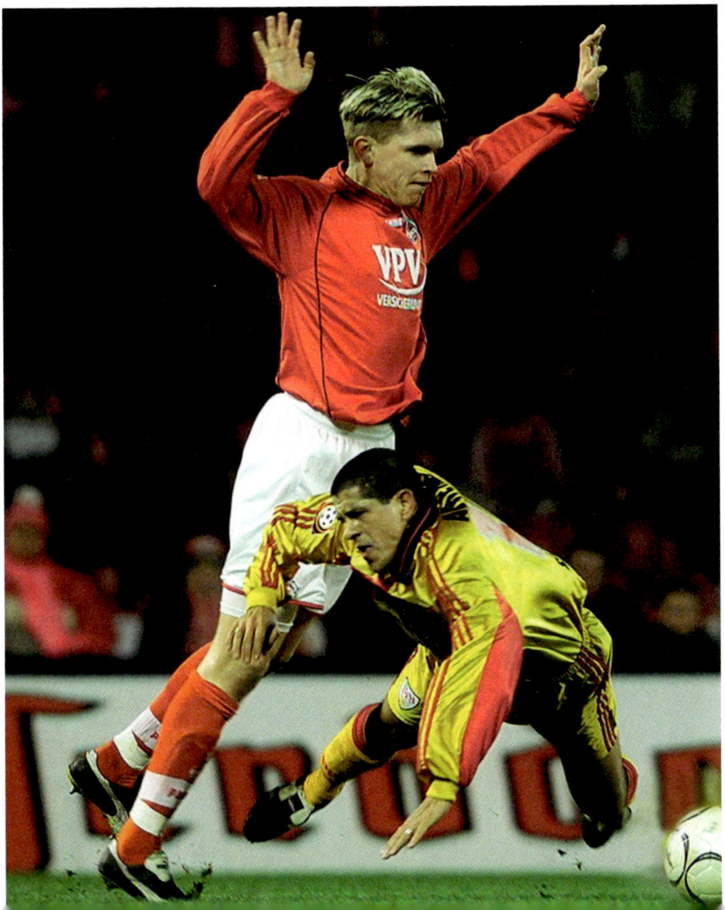

Der kölsche Fußball-Prinz: Lukas Podolski

„Vom zweijährigen polnischen Jungen, der quasi nur mit einem Bal unter dem Arm nach Deutschland kam, zum Weltmeister: Das ist mehr, als ich mir erträumen konnte." Mit diesen Worten blickte Lukas Podolski beim Nationalmannschaftsrücktritt 2016 auf sein Fußballerleben zurück. Und dieses – daraus machte „Prinz Poldi" nie einen Hehl – wäre ohne seinen 1. FC Köln so nicht möglich gewesen.

In einer tiefen Krise wurde er von Trainer Marcel Koller 2003 zu den Profis beordert. Mit Einsatz, Toren und vollkommener Echtheit schoss er sich in die Herzen der FC-Fans und einer ganzen Nation. Trotz seiner zehn Saisontreffer – Bundesliga-Rekord für einen 18-Jährigen – stieg der 1. FC Köln ab. „Wenn der Ball auf dem linken Fuß ist, ist er meistens drin – wie in der A-Jugend", beschrieb Podolski damals sein Erfolgsrezept.

Er hielt dem FC als EM-Teilnehmer 2004 die Treue und genoss fortan den Status einer kölschen Ikone. Dabei hat Podolski, der in Bergheim vor den Toren der Stadt aufwuchs, nach eigenen Angaben nie an einem Kölsch genippt. Dennoch wurden ihm musikalische Denkmäler gesetzt, etwa durch den früheren Big-Brother-Teilnehmer Jürgen Milski („Lu-Lu-Lu-Lukas Podolski") oder von den Mann Mann Mann Manns („Podolski").

2005 führte er den FC mit 24 Toren zum Wiederaufstieg. Nach dem neuerlichen Abstieg wurde ihm Köln aber zu klein. Für die Klub-Rekordsumme von zehn Millionen Euro wechselte er zum deutschen Branchenprimus Bayern München, wurde nach drei Toren bei der Heim-WM 2006 zum besten Spieler unter 23 Jahren gewählt – Podolski setzte sich dabei gegen Cristiano Ronaldo und Lionel Messi durch.

Er schien am Anfang einer Weltkarriere zu stehen, doch in München kam Podolski nie wirklich an. Seine Heimkehr war ein ewiges Thema, zur Saison 2009/10 wurde sie besiegelt. Für den FC war es ein Kraftakt, dem FC Bayern die zehn Millionen mit drei Jahren Verzögerung zurückzuzahlen. Es gab ein „Welcome back"-Spiel zwischen beiden Vereinen, das live übertragen wurde, dazu ein Sondertrikot, Sponsoren gingen in Vorkasse.

Mit Podolski kam aber nicht der ersehnte Erfolg. Der Verein hatte schlicht kein Geld, um mehr Top-Spieler zu verpflichten. Podolski blieb weitere drei Jahre, dann ging es wieder in die 2. Liga, der Fanliebling wechselte 2012 für 15 Millionen Euro zum FC Arsenal.

Es blieben große Emotionen und tolle Tore, 86 in 181 Spielen. 31 seiner 49 Länderspieltore erzielte Podolski als Spieler des 1. FC Köln. Einen Wahnsinns-Rekord hält er auch: Unglaubliche zwölf Mal erzielte Podolski das „Tor des Monats" in der ARD-Sportschau.

Heute noch ist Podolski in Köln omnipräsent, er besitzt mehrere Eisdielen, Dönerbuden und vertreibt eine eigene Klamottenlinie.

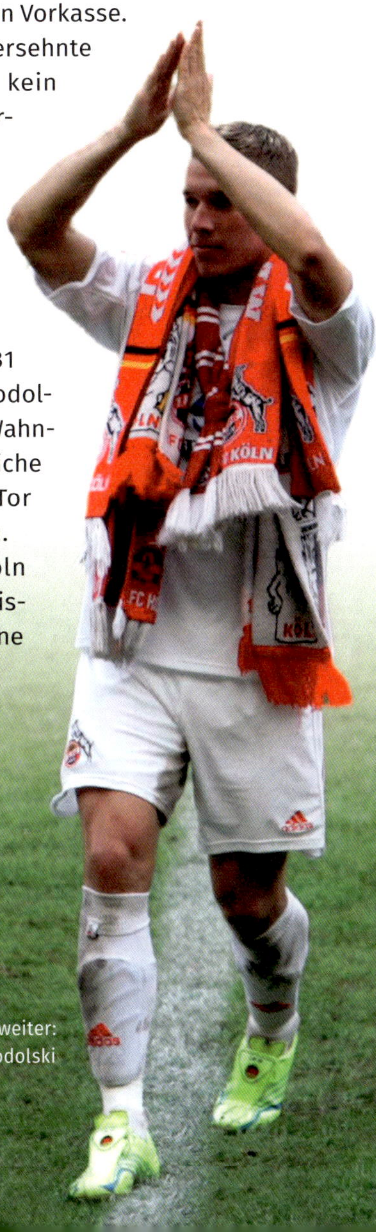

Sympathiewerte wie kein Zweiter: Lukas Podolski

AHA!

Talentejagd extrem

Lukas Podolski war ein Juwel, das der 1. FC Köln am liebsten mit einem Vertrag auf Lebenszeit ausgestattet hätte. Einem anderen Talent gab der FC zumindest einen XXL-Kontrakt. Marco Quotschalla unterschrieb als Zwölfjähriger im Frühjahr 2001 in Köln einen Vertrag für sage und schreibe acht Jahre.

Natürlich, nach dem blamablen EM-Vorrundenaus 2000 waren Talente in Deutschland ein begehrtes Gut, doch Quotschallas Verpflichtung durch FC-Sportdirektor Hannes Linßen sorgte für einen Aufschrei in der nicht gerade als moralisch geltenden Fußballbranche.

„Vater verkauft Sohn", titelte eine Zeitung. Linßen rechtfertigte die Abwerbung des D-Jugendlichen von Bayer Leverkusen mit der „Sicherung der sportlichen Zukunft" des 1. FC Köln.

Letztlich bestritt der Mittelstürmer nicht ein einziges Spiel für die Profimannschaft des 1. FC Köln. Als 16-Jähriger wurde Quotschalla aussortiert, er wechselte in die A-Jugend des damaligen Zweitligisten Alemannia Aachen. Im Seniorenbereich spielte Quotschalla für elf Vereine, in der Saison 2006/07 lief er für Aachen elf Minuten lang in der Bundesliga auf.

2018 beendete er im Alter von 29 Jahren seine Karriere. „Im Nachhinein betrachtet, hat der damalige Medienhype meiner Karriere nicht gutgetan", sagte Quotschalla 2015 dem Magazin „11 Freunde".

Quotschalla verdiente sein Geld unter anderem in Luxemburg.

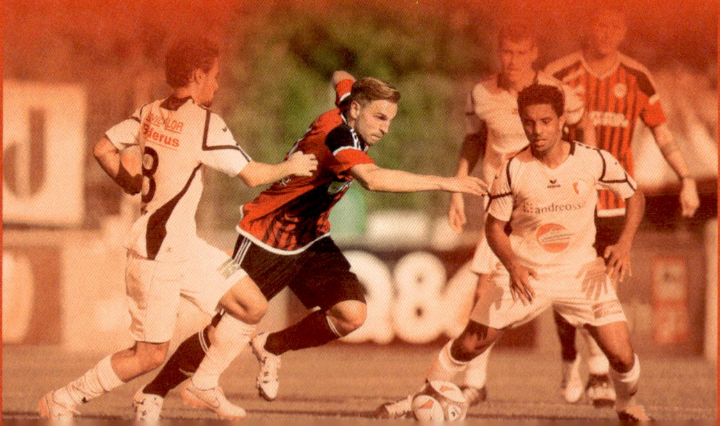

Fanshop in Not

Fußballprofis werden oft als Söldner abgestempelt. Doch nicht jeder Wandervogel fällt in diese Kategorie. Faryd Mondragon etwa, Kolumbianer mit libanesischen Wurzeln, wechselte 2007 von Galatasaray Istanbul zum 1. FC Köln – und kaufte gleich den Fanshop am Geißbockheim leer. Mondragon deckte sich mit Trikotsätzen, Polohemden, Badelatschen oder Taschen ein und verschickte die Devotionalien in seine Heimat, „damit sich auch meine Familie zum Verein bekennen kann".

Ganz oder gar nicht, so lautete die Devise des Torhüters. Mondragon war ein emotionaler Antreiber, der es manchmal ein wenig übertrieb. Einmal sprintete er gar erbost aus seinem Tor bis zur Mittellinie, weil sich der Gegner bei einer Auswechslung für seinen Geschmack zu viel Zeit ließ.

Nach dem Aufstieg 2008, der ihn zum ersten südamerikanischen Bundesliga-Torhüter machte, weinte „Mondy" Freudentränen. Emotional war selbstverständlich auch sein Abschied: Nachdem er im Herbst 2010 trotz FC-Veto zur kolumbianischen Nationalmannschaft gereist war und nach seiner Rückkehr eine Pause erhielt, berief Mondragon eigenmächtig eine Pressekonferenz ein und erklärte seinen Abschied.

2014 zeigte er es aber noch einmal allen: Mit 43 Jahren wurde Mondragon für die WM nominiert und stieg zum ältesten Spieler der Turniergeschichte auf.

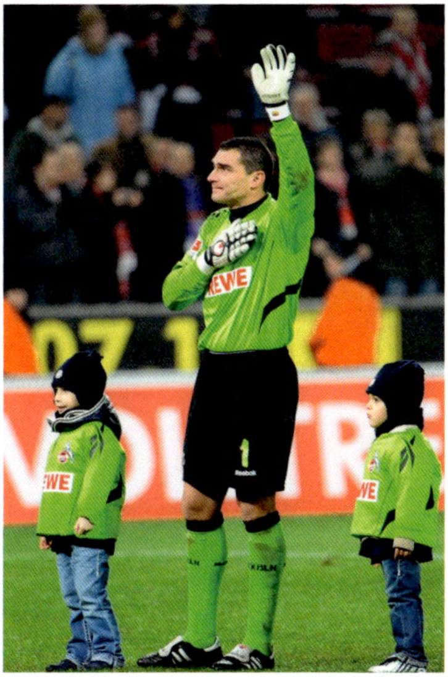

Emotionaler Leader: Faryd Mondragon

Das Özat-Drama

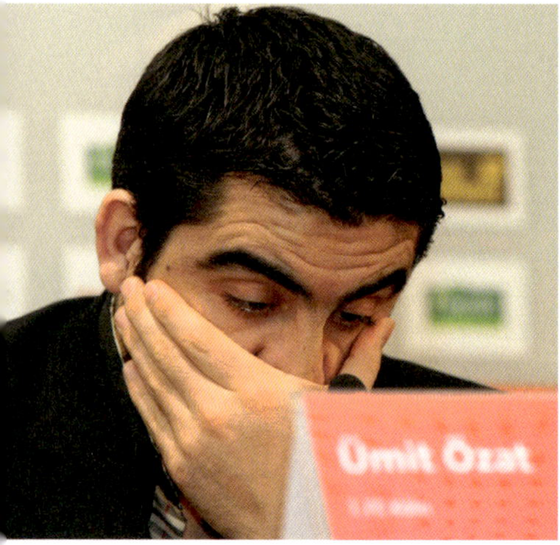

Unter Tränen gab Özat seinen Rücktritt bekannt.

Die Bilder von kollabierenden Fußballspielern gehen einem nicht aus dem Kopf. Der Kameruner Marc-Vivien Foé starb 2003 beim Confed-Cup eines grausamen Herztodes. Andere hatten mehrere Schutzengel an ihrer Seite, wie der Däne Christian Eriksen bei der EM 2021 – oder Ümit Özat am 29. August 2008 im Spiel des 1. FC Köln beim Karlsruher SC.

25 Minuten im Wildpark sind gespielt, da geht der rechte Verteidiger des FC auf alle Viere, rappelt sich auf und ist gleich wieder am Boden. Özats Mitspieler vermuten zunächst, dass es sich um ein muskuläres Problem handelt. Dann macht sich Hektik breit, Kölns Physiotherapeut Dieter Trzolek und Mannschaftsarzt Paul Klein sind schnell zur Stelle, auch KSC-Arzt Marcus Schweizer hilft.

Die TV-Kameras gehen auf Abstand, als klar wird, dass sich womöglich Dramatisches ereignet hat. Torhüter Faryd Mondragon weint hemmungslos. Sanitäter tragen Özat in die Katakomben, kämpfen dort erfolgreich um das Leben des 31-Jährigen. Am Ende hat der Türke großes Glück. Sein Zustand stabilisiert sich, ehe er ins Krankenhaus gebracht wird. Das Spiel wird übrigens nach nur vier Minuten fortgesetzt, Köln siegt 2:0.

Eine Herzmuskelentzündung wird als Ursache für den Zusammenbruch diagnostiziert. Özat versucht ein Comeback, beendet aber 2009 seine Karriere.

Auf Herz und vier Nieren

Vielleicht sollte Slawomir Peszko Lotto spielen. Der polnische Nationalspieler, den der 1. FC Köln im Januar 2011 verpflichtete, besitzt eine meist gutartige Fehlbildung, die nur in einem von 5,5 Millionen Fällen vorkommt. Peszko verfügt über eine sogenannte Doppelniere, also über vier des lebenswichtigen Organs. Zum Vergleich: Die Wahrscheinlichkeit für einen Sechser im Lotto liegt bei 1 zu 8 Millionen.

Wegen dieser Kuriosität musste der „Express“ nicht lange nach einem Spitznamen für den Flügelspieler suchen: Peszko war ab seiner Verpflichtung für die Boulevardzeitung schlicht der „Vier-Nieren-Pole“.

Seine Mutter Ewa, die übrigens drei Nieren besitzt, berichtete, ihr Slawek sei als kleiner Junge ständig auf die Toilette gerannt – bis ein Arzt das Rätsel löste. Tatsächlich aber leisten die vier Nieren nicht mehr als die üblichen zwei. Im Grunde betreiben sie sogar Jobsharing, indem sie sich die Arbeit aufteilen.

Nachteile hatte Peszko aber auch keine. In seinen ersten eineinhalb Jahren beim FC war der Kumpel von Lukas Podolski an 16 Toren direkt beteiligt. Dann aber brachte ihn eine Taxifahrt, bei der er betrunken randalierte, zwischenzeitlich um seinen Job in Köln. Der Klub verlieh Peszko zu den Wolverhampton Wanderers. Geläutert kehrte er 2013 für zwei weitere Jahre zurück.

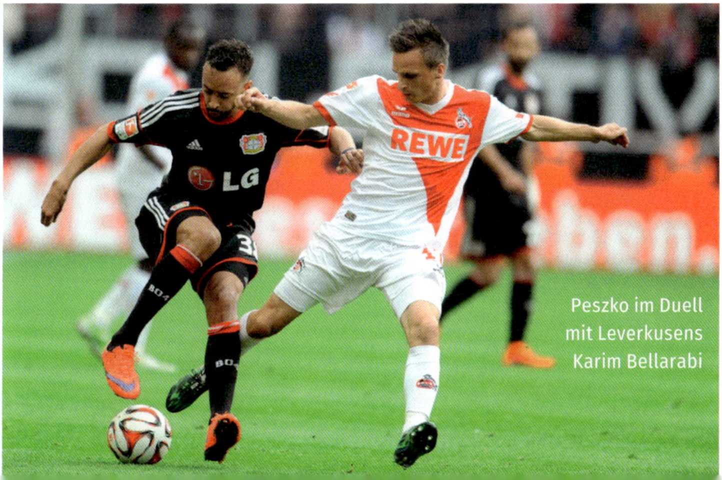

Peszko im Duell mit Leverkusens Karim Bellarabi

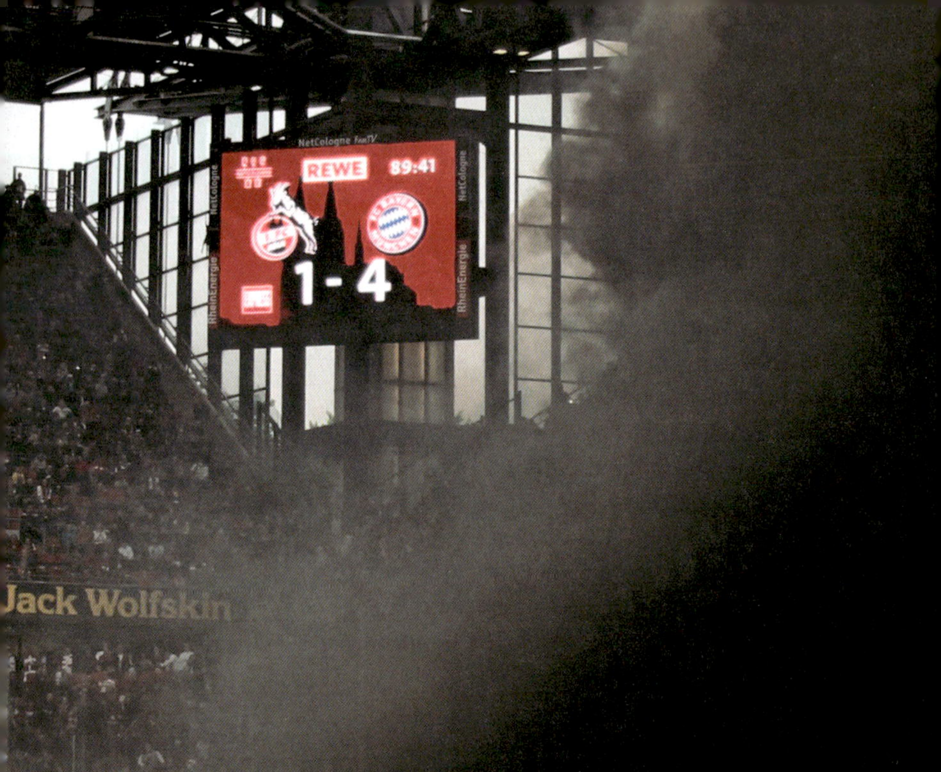

Tiefpunkt

Im Sommer 2011 wollte es der 1. FC Köln wissen. Nach 13 Spielzeiten im Fahrstuhl zwischen 1. und 2. Liga plante das Präsidium um Wolfgang Overath und Sportdirektor Volker Finke den großen Schritt nach vorne. Finke verpflichtete in dem Norweger Stale Solbakken einen der spannendsten Trainer Europas. Die Torjäger Lukas Podolski und Milivoje Novakovič sowie der brasilianische Innenverteidiger Pedro Geromel sollten seine Korsettstangen sein.

Solbakken hatte zuvor den FC Kopenhagen mit radikaler Raumdeckung ins Achtelfinale der Champions League geführt, u.a. dem FC Barcelona ein Unentschieden abgetrotzt. Der klamme FC kaufte Solbakken eigens beim norwegischen Verband frei, wo er einen Vertrag als Nationaltrainer unterschrieben hatte.

Das Resultat? Die Saison 2011/12 wurde zum Tiefpunkt der Kölner Vereinsgeschichte. Der Coach konnte den Spielern sein System nie wirklich vermitteln, nach solider Hinrunde setzten nach der Winterpause Auflösungserscheinungen ein, die allerdings nicht allein mit dem Trainer zu tun hatten.

Alles begann mit dem Spontan-Rücktritt des Präsidiums um Overath bei der Mitgliederversammlung am 13. November 2011. „Wir wollen uns nicht mehr über Spielberichte ärgern, nicht mehr die Wochenenden versauen", erklärte die Spielerikone, die als Vereinschef auf fast allen Ebenen scheiterte.

Overath gewann zwar zahlreiche Sponsoren, die Mitgliederzahlen explodierten – am Ende seiner Amtszeit stand dennoch das bis zur Coronakrise schlechteste Finanzergebnis der FC-Historie. In seiner siebeneinhalbjährigen Amtszeit beschäftigte der Klub sieben verschiedene Cheftrainer, drei Sportdirektoren und versenkte Millionen in die Verpflichtung teurer und lustloser Altstars wie Maniche – der Trainer Zvonimir Soldo in der Saison 2009/10 gar Geld dafür bot, bei winterlichen Temperaturen von einer Laufeinheit befreit zu werden.

Overath wagte auch das Experiment mit Finke, der aber immer noch mehr Coach als Sportdirektor war und sich auch deswegen mit Solbakken heillos überwarf. Im Frühjahr 2012 trennte sich der Klub erst von Finke, später dann vom Trainer, der bis auf einige flotte Sprüche wenig Positives hinterließ – und mit der Absetzung Podolskis als Kapitän vor dem Saisonstart einen unnötigen Brand legte.

Die teure und ohne System zusammengestellte Mannschaft taumelte ab März 2012 dem Abstieg entgegen. Einige enttäuschte Anhänger drohten Gewalt an, sollte der Klassenerhalt verfehlt werden. Als am 34. Spieltag die Relegation gegen den Nachbarn Fortuna Düsseldorf verspielt wurde, versank des Stadion in schwarzem Rauch, den Unbelehrbare auf der Südtribüne gezündet hatten. Der Verein war sportlich und – trotz der üppigen Ablöse für Podolski – wirtschaftlich am Ende.

Der Arsène Wenger von Köln

Volker Finke arbeitete in Freiburg 16 Jahre lang, bei Werder Bremen hielten Otto Rehhagel und Thomas Schaaf jeweils 14 Spielzeiten durch – beim FC reichen schon 4 Jahre und 5 Monate auf der Trainerbank, um den Beinamen „Arsène Wenger von Köln“ zu erhalten. Mit 1616 Tagen nacheinander im Amt ließ Peter Stöger Double-Trainer Hennes Weisweiler (1460) und Christoph Daum (1376) hinter sich.

Der Elsässer Wenger war beim FC Arsenal fast 22 Jahre tätig, gewann in der Saison 2003/04 ohne Niederlage die englische Meisterschaft. Ganz so erfolgreich war der Österreicher Stöger in Köln nicht, seine „Haltbarkeit“ war dennoch beeindruckend – zumal er im Sommer 2013 beileibe nicht erste Wahl war nach dem Rücktritt von Holger Stanislawski.

Wunschkandidat Mike Büskens sagte in letzter Minute ab, RB Salzburg forderte eine zu hohe Ablöse für Roger Schmidt. Der Trainingsauftakt 2013 fand ohne Cheftrainer statt, erst zwei Tage danach einigte sich der FC mit Austria Wien auf den Wechsel von Stöger, der vom Kölner Boulevard wegen seiner Brille in den Vereinsfarben der Austria als „Lila Launebär“ vorgestellt wurde.

Stöger stellte beim Brillenmodell zügig auf rot-weiß um und widerlegte alle Skeptiker. Er übernahm von Stanislawski eine junge, mit vielen gebürtigen Kölnern gespickte Mannschaft und schaffte den Aufstieg als Zweitligameister.

Gemeinsam mit Jörg Schmadtke, der kurz nach Stögers Verpflichtung als Geschäftsführer Sport installiert wurde, bildete er ein Erfolgsduo. Endlich kehrte Ruhe ein am Geißbockheim, mit eher zweckmäßigem Fußball etablierte der beliebte Stöger den Verein in der 1. Liga.

Am dritten Spieltag der Saison 2016/17 übernahm der FC für eine Nacht erstmals nach 20 Jahren wieder die Tabellenführung in der 1. Bundesliga und qualifizierte sich am letzten Spieltag als Fünfter nach 25 Jahren wieder für den Europapokal.

Stöger war nicht nur wegen seiner Erfolge ungemein populär. Beim Kölner „Oktoberfest" trug er mal eine pinke Lederhose und sagte: „Wo, wenn nicht in Köln?" Lange wurde über seinen selbstironischen Satz „es kann nicht mehr lange dauern, dann ist dieser Ösi weg", herzlich gelacht.

Tatsächlich sollte er damit recht behalten, denn auf den Rausch folgte der Kater: Der FC startete katastrophal in die Saison 2017/18, nach nur drei Punkten aus den ersten 14 Spielen wurde Stöger entlassen. Dass er überhaupt solange bleiben durfte, lag an seinem enormen Kredit.

Schmadtke war zuvor schon von seinem einst kongenialen Partner abgerückt. Er wollte Stöger früher feuern. Als der Verein sich dagegen sperrte, ging Schmadtke selbst.

Tatsächlich machte Köln den Schnitt zu spät: Lediglich nach dem ersten Spieltag lag der FC nicht auf einem direkten Abstiegsplatz.

Peter Stöger mit Lebensgefährtin Ulrike Kriegler und Lukas Podolski

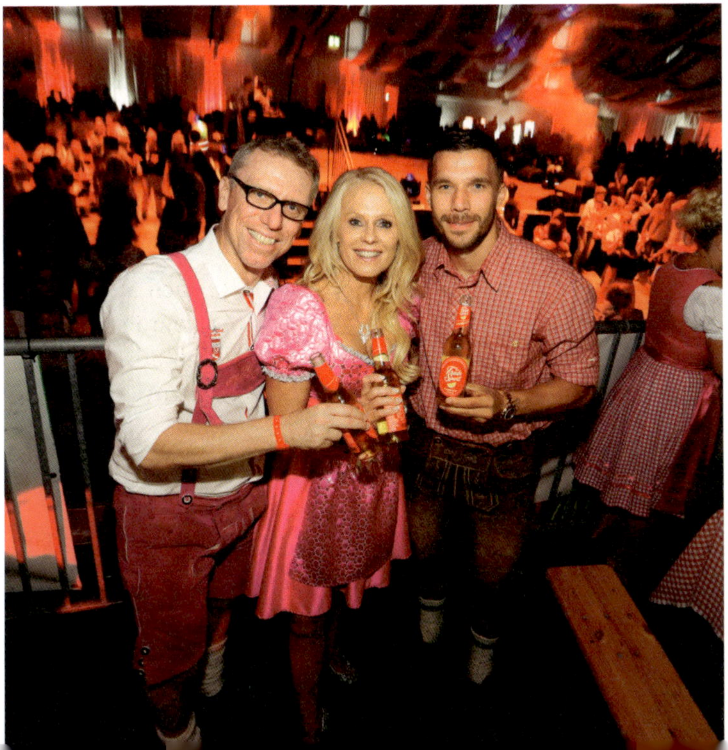

AHA!

Held im zweiten Anlauf

Hans Schäfer wurde von den FC-Fans geliebt, ebenso Hannes Löhr, Toni Polster, Milivoje Novakovič oder Lukas Podolski. Ein Torjäger, der aus dieser Reihe fiel, war Patrick Helmes.

Nach dem Wechsel Podolskis zum FC Bayern wurde der 22-Jährige zu dessen Nachfolger erkoren. In der Zweitliga-Saison 2006/07 traf er an den ersten fünf Spieltagen siebenmal, dann brach sein Mittelfuß.

Helmes wurde zur persona non grata, als er während der Reha einen Vertrag zur Saison 2008/09 ausgerechnet bei Bayer Leverkusen unterschrieb. Bei seinem Comeback wurde er vom FC-Anhang als „Helmes, du Zigeuner" zur Melodie von „Hands up, baby hands up" verunglimpft, bei jeder Ballberührung ausgepfiffen. Auch dass Helmes – da war er bereits zum Nationalspieler gereift – den FC 2008 mit 17 Toren in die Bundesliga schoss, änderte wenig an seinem Standing.

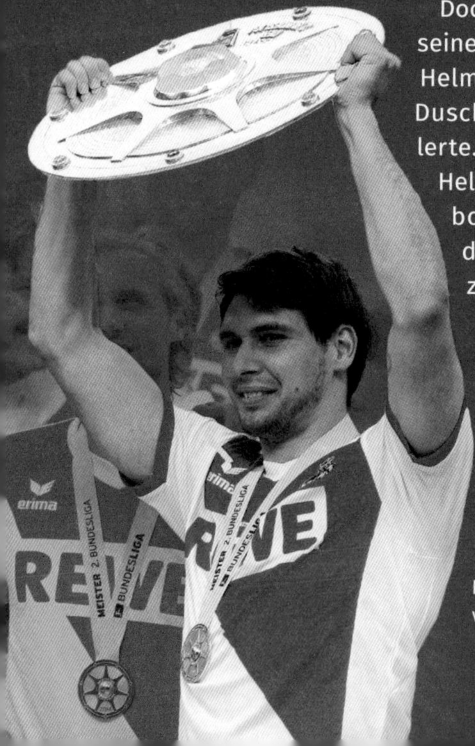

Doch die Liebe hielt, zumindest von seiner Seite. So ist überliefert, dass Helmes als Bayer-Spieler unter der Dusche regelmäßig FC-Lieder trällerte. 2013 schlug Köln zu und holte Helmes ablösefrei zurück ans Geißbockheim. Der Stürmer schoss den Verein mit zwölf Toren ein zweites Mal nach oben.

Ein Knorpelschaden beendete Helmes' Karriere mit 31 Jahren. In der Rückschau bezeichnete er die Entscheidung für Bayer als Fehler: „Ein Wechsel nach Dortmund hätte weniger Stress gegeben."

Helmes konnte seinen zweiten Aufstieg viel mehr genießen.

Modeste, Modeste, Anthony Modeste!

Diesen Moment, als der Rasen im Kölner Stadion von Fans geflutet und er selbst tränenüberströmt auf Händen getragen wurde, werde er „nie vergessen“, sagte Anthony Modeste einmal. Am 20. Mai 2017 erfüllte sich die Sehnsucht vieler leidgeprüfter FC-Anhänger – der Tag markierte auch den Höhepunkt der Heldenverehrung des französischen Torjägers.

Modeste hatte in der Saison 2016/17 beeindruckende 25 Tore für den 1. FC Köln erzielt. Ausgerechnet am 34. Spieltag beim 2:0 gegen den FSV Mainz 05, das nach einem Vierteljahrhundert des Wartens die Rückkehr in den Europapokal besiegelte, hatte Modeste nicht getroffen, doch das änderte wenig an seinem Status.

2015 als Bankdrücker aus Hoffenheim geholt, schoss sich Modeste in die Herzen der Fans. Im Frühling 2017 war es relativ normal, dass in irgendeiner Kneipe zu späterer Stunde das „Anthony-Modeste-Lied“ angestimmt und von der Masse mitgesungen wurde. Und das ging in etwa so:

„Wer kommt zum Training overdressed?
Anthony Modeste!
Wer feiert täglich Schützenfest?
Anthony Modeste!
Wer beißt sich an der Theke fest?
Anthony Modeste!
Und lässt dem Kölsch-Glas keinen Rest?
Anthony Modeste!
Wer macht Europa krisenfest?
Anthony Modeste!
Modeste, Modeste
Anthony Modeste
Modeste, Modeste
Anthony Modeste!“

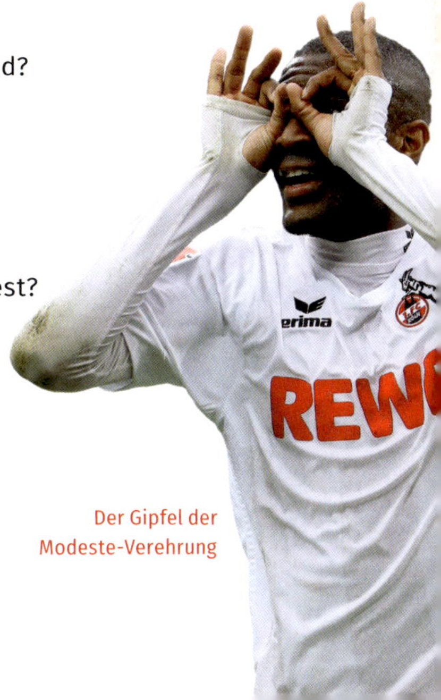

Der Gipfel der Modeste-Verehrung

Die Rückkehr der Ziege

In den Mittagsstunden des 14. September 2017 wurde es in London laut. Tausende Fans des 1. FC Köln bahnten sich singend ihren Weg durch die Straßen der britischen Hauptstadt. Ihr Ziel: Das Stadion des FC Arsenal, denn an diesem Donnerstag kehrte ihr FC in der Europa League endlich auf die internationale Bühne zurück.

Das Motto lautete „Return of the Goat“, was sich mit „Die Rückkehr des Geißbocks“ übersetzen lässt. Feine Doppeldeutigkeit: „goat“ ist im englischsprachigen Raum auch die Abkürzung für den „greatest of all time“, den Größten aller Zeiten.

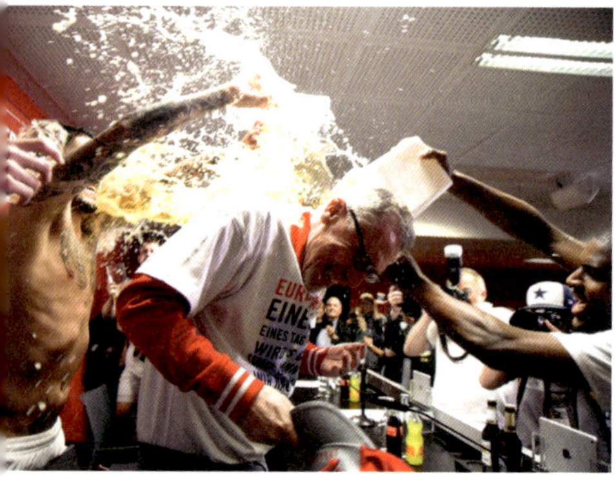

Die Spieler kannten nach dem Europa-Comeback mit Stöger keine Gnade.

Letztlich war die Europacup-Rückkehr des FC ein kurzes Vergnügen: In der Gruppenphase reichten zwei Siege gegen Bate Borissow (5:2) und den FC Arsenal (1:0) nicht zum Weiterkommen.

Entscheidend war aber der Weg dorthin: Die Saison 2016/17 war gepflastert von Glanzlichtern, wie dem 1:1 bei Bayern München während des Oktoberfests, dem Last-Minute-Sieg bei Borussia Mönchengladbach durch Marcel Risses „Tor des Jahres“ zum 2:1 oder dem zweithöchsten Auswärtssieg der FC-Bundesligageschichte (6:1 bei Darmstadt 98). Kurzzeitig wurde ein Wettbüro nervös, weil es eine FC-Meisterwette angeboten hatte.

Doch bald zogen dunkle Wolken auf: Modeste erlag einem Mega-Angebot aus China und verließ den Verein für 35 Millionen Euro. Der Niedergang begann.

Das Quiz für echte FC-Köln-Experten

1. Wie oft stellte der 1. FC Köln den Torschützenkönig der 1. oder 2. Bundesliga?

a) 6 Mal
b) 8 Mal
c) 10 Mal

2. Welcher prominente FC-Fan durfte einmal am Geißbockheim mittrainieren?

a) Michael Schumacher
b) Heiner Lauterbach
c) Wolfgang Niedecken

3. Welcher Spieler vergaß in der Saison 1997/98 sein Trikot in der Kabine – was dazu führte, dass er nicht eingewechselt werden konnte und der FC in der Zwischenzeit zu zehnt ein Gegentor kassierte?

a) Michael Kostner
b) Goran Vucevic
c) Marcell Fensch

4. Wie oft stellte der 1. FC Köln Deutschlands Fußballer des Jahres?

a) 3 Mal
b) 4 Mal
c) 5 Mal

5. Welcher der georgischen Arweladse-Brüder stürmte nicht für den 1. FC Köln?

a) Artschil
b) Rewas
c) Schota

6. Welcher Interimstrainer gewann alle drei Spiele auf der FC-Bank und weist damit einen perfekten Punkteschnitt von 3,00 auf?

a) André Pawlak
b) Volker Finke
c) Jos Luhukay

7. Gegen welchen englischen Topklub gewann der FC in der Saison 1995/96 im UI-Cup mit 8:0?

a) Tottenham Hotspur
b) FC Liverpool
c) Manchester United

8. Welchen Beruf erlernte FC-Stadionsprecher Michael Trippel?

a) Feuerwehrmann
b) Zahnarzt
c) Schauspieler

9. Hans Schäfer arbeitete während seiner aktiven Laufbahn zeitweise in einem Kaufhaus. In welcher Abteilung?

a) Parfüm
b) Herrenbekleidung
c) Haushaltswaren

10. Welchen Titel trug die Autobiographie von Wolfgang Overath aus dem Jahr 1970?

a) Ja, mein Temperament
b) Der Regisseur
c) Abpfiff

11. Bei welchem Verein stand Wolfgang Overath für einen Wechsel im Wort, wenn der 1. FC Köln 1969 abgestiegen wäre?

a) Inter Mailand
b) Bayern München
c) Borussia Mönchengladbach

12. Nach dem Fehleinkauf von Zézé dauerte es bis zur Saison 1997/98, ehe beim 1. FC Köln wieder ein Brasilianer in einem Pflichtspiel eingesetzt wurde. Wie hieß er?

a) Fabio Luciano
b) Fabio Bilica
c) Luciano Emilio

13. Wie hieß der legendäre Zeugwart, der zwischen 1948 und 1986 beim 1. FC Köln für die Ausrüstung zuständig war?

a) Hans Thönnes
b) Jupp Müller
c) Hansi Dentinger

14. Der 1. FC Köln brachte 43 deutsche Nationalspieler hervor. Wie viele wurden als FC-Spieler Welt- oder Europameister?

a) 9
b) 11
c) 13

15. Bodo Illgner hütete für den 1. FC Köln in 376 Pflichtspielen das Tor. Wie oft hielt er die Null?

a) 96 Mal
b) 128 Mal
c) 163 Mal

16. Der Cheftrainer mit der kürzesten Überlebensdauer auf der Kölner Bank wurde nach exakt zwei Monaten wieder entlassen. Wie hieß er?

a) Karl-Heinz Heddergott
b) Wolfgang Jerat
c) Uwe Rapolder

17. Welcher FC-Profi führte 2009 in einem Testspiel ein gut zehnminütiges Handy-Telefonat auf der Ersatzbank?

a) Pierre Womé
b) Maniche
c) Adil Chihi

18. Wer war von 1948 bis 1950 der erste Kapitän des 1. FC Köln?

a) Hennes Weisweiler
b) Willi Weyer
c) Walter Radant

19. Was war das Besondere beim Spiel des FC beim VfB Stuttgart am 18. April 2009?

a) Christoph Daum wechselte einen Spieler mehr ein als erlaubt.
b) Der 1. FC Köln feierte seinen höchsten Bundesliga-Auswärtssieg.
c) Erstmals in der Bundesliga stand beim 1. FC Köln kein Deutscher in der Startelf.

20. Warum riefen im Februar 2001 besorgte bis entsetzte FC-Fans bei Hennes-Hüter Wilhelm Schäfer an?

a) Der Geißbock sollte im Rosenmontagszug mitlaufen.
b) In der TV-Serie „SK Kölsch“ wurde die fiktive Ermordung des Geißbocks dargestellt.
c) Schäfer wollte Hennes aus Tierschutzgründen nicht mehr zu den Heimspielen fahren.

21. Welche Innovation im deutschen Fußball brachte der 1. FC Köln in der Saison 1998/99 auf den Weg?

a) Auswärtsdauerkarte
b) Lebenslange Mitgliedschaft
c) Cheerleader

22. Auf welchen Glücksbringer setzte Toni Polster in seiner FC-Zeit?

a) Glückspfennig im Fußballschuh
b) Heiligenbild im Spind
c) Glücks-Unterhose

23. Was sammelte Hans-Peter Latour, FC-Trainer von Januar bis November 2006, leidenschaftlich?

a) Schneekugeln
b) Bierdeckel
c) Elefanten-Miniaturfiguren

24. Wer avancierte am 22. November 1950 zum ersten deutschen Nationalspieler des 1. FC Köln?

a) Hans Schäfer
b) Jupp Röhrig
c) Herbert Dörner

25. An welchem dieser Kölsch-Songs war Lukas Podolski nicht beteiligt?

a) „Liebe deine Stadt“ von Cat Ballou und Mo-Torres
b) „Halleluja“ von Brings
c) „Leev Marie“ von Paveier

26. Welcher Spieler wurde während seiner FC-Zeit Olympiasieger?

a) Sunday Oliseh
b) Rigobert Song
c) Zlatko „Tschik“ Čajkovski

27. Wie hieß der FC-Funktionär, der phasenweise gleichzeitig Geschäftsführer, Stadionsprecher und Chefredakteur des „Geißbock-Echo“ war?

a) Karl-Heinz Thielen
b) Hans-Gerhard König
c) Michael Trippel

28. Welcher Kölner Stürmer packte Geißbock Hennes beim Torjubel einmal kräftig an den Hörnern und geriet so ins Visier der Tierschutzorganisation PETA?

a) Milivoje Novakovič
b) Anthony Ujah
c) Bruno Labbadia

29. Nach welchem verdienten Spieler benannte der FC seine jahrelang existierende Perspektivmannschaft aus Reservisten, Amateuren und Nachwuchsspielern?

a) Georg Stollenwerk
b) Heinz Simmet
c) Harald Konopka

30. Was war das Besondere beim Heimspiel gegen Bayern München am 27. Oktober 2001?

a) Der FC gewann 4:0 gegen den deutschen Meister und Champions-League-Sieger.
b) Die Bayern trugen Trainingsleibchen, weil die Trikots beider Teams zu ähnlich aussahen.
c) FC-Trainer Ewald Lienen verpasste den Anpfiff wegen eines Faserrisses, der er im Kabinengang erlitt.

Quiz-Lösungen

1 b (Hannes Löhr, Dieter Müller/2, Klaus Allofs, Thomas Allofs, Lukas Podolski/2.BL, Milivoje Novakovič/2.BL, Simon Terodde/2.BL)

2 a, 3 c

4 c (Karl-Heinz Schnellinger, Hans Schäfer, Harald Schumacher/2, Thomas Häßler)

5 c, 6 b, 7 a, 8 c, 9 a, 10 a, 11 b, 12 c, 13 a

14 c (Hans Schäfer, Paul Mebus, Hannes Löhr, Wolfgang Overath, Heinz Flohe, Bernd Cullmann, Harald Schumacher, Bernd Schuster, Herbert Zimmermann, Bodo Illgner, Thomas Häßler, Pierre Littbarski, Paul Steiner)

15 b, 16 b, 17 a, 18 b, 19 c, 20 b, 21 a, 22 b, 23 c, 24 b, 25 c, 26 a, 27 b, 28 b, 29 a, 30 b

Zitate

„Tradition hat nur dann Sinn, wenn der Wille zu noch größeren Taten vorhanden ist."
Franz Kremer

„Barcelona hat Messi, Bayern hat Schweinsteiger, Köln hat Poldi."
Michael Rensing

„Im Kölner Stadion ist immer so eine super Stimmung, da stört eigentlich nur die Mannschaft."
Udo Lattek

„Fußball ist einfach: rein das Ding und ab nach Hause!"
Lukas Podolski

„Ich würde auch spielen, wenn ich dafür kein Geld bekäme. Aber da es Geld gibt, ist es noch besser."
Wolfgang Overath

„Ich weiß gar nicht, wer zuerst da war: der Klub oder die Stadt."
Volker Finke

„Das war heute eine Mannschaft, die hatte eine Blutgruppe. Und diese Blutgruppe lautete Sieg."
Christoph Daum

„Für mich gibt es nur entweder oder: also entweder voll oder ganz."
Toni Polster

„Unser Verein ist wie die Titanic. Der geht zwar unter, doch der Vorstand steht im Smoking im Ballsaal und will es nicht wahrhaben."
Harald Schumacher